社会风俗系列

节俗史话

A Brief History of Festival Events in China

韩养民　郭兴文 / 著

社会科学文献出版社
SOCIAL SCIENCES ACADEMIC PRESS (CHINA)

图书在版编目（CIP）数据

节俗史话/韩养民，郭兴文著．—北京：社会科学文献出版社，2011.11（2013.6 重印）
（中国史话）
ISBN 978-7-5097-2685-3

Ⅰ.①节… Ⅱ.①韩… ②郭… Ⅲ.①节日-风俗习惯史-中国 Ⅳ.①K892.1

中国版本图书馆 CIP 数据核字（2011）第 180884 号

“十二五”国家重点出版规划项目

中国史话·社会风俗系列

节俗史话

著　　者／韩养民　郭兴文

出 版 人／谢寿光
出 版 者／社会科学文献出版社
地　　址／北京市西城区北三环中路甲 29 号院 3 号楼华龙大厦
邮政编码／100029

责任部门／人文分社（010）59367215
电子信箱／renwen@ssap.cn
责任编辑／黄　丹
责任校对／张延书
责任印制／岳　阳
经　　销／社会科学文献出版社市场营销中心
（010）59367081　59367089
读者服务／读者服务中心（010）59367028

印　　装／北京画中画印刷有限公司
开　　本／889mm×1194mm　1/32　印张／7.75
版　　次／2011 年 11 月第 1 版　字数／154 千字
印　　次／2013 年 6 月第 2 次印刷
书　　号／ISBN 978-7-5097-2685-3
定　　价／15.00 元

《中国史话》
编辑委员会

总　序

中国是一个有着悠久文化历史的古老国度，从传说中的三皇五帝到中华人民共和国的建立，生活在这片土地上的人们从来都没有停止过探寻、创造的脚步。长沙马王堆出土的轻若烟雾、薄如蝉翼的素纱衣向世人昭示着古人在丝绸纺织、制作方面所达到的高度；敦煌莫高窟近五百个洞窟中的两千多尊彩塑雕像和大量的彩绘壁画又向世人显示了古人在雕塑和绘画方面所取得的成绩；还有青铜器、唐三彩、园林建筑、宫殿建筑，以及书法、诗歌、茶道、中医等物质与非物质文化遗产，它们无不向世人展示了中华五千年文化的灿烂与辉煌，展示了中国这一古老国度的魅力与绚烂。这是一份宝贵的遗产，值得我们每一位炎黄子孙珍视。

历史不会永远眷顾任何一个民族或一个国家，当世界进入近代之时，曾经一千多年雄踞世界发展高峰的古老中国，从巅峰跌落。1840 年鸦片战争的炮声打破了清帝国“天朝上国”的迷梦，从此中国沦为被列强宰割的羔羊。一个个不平等条约的签订，不仅使中国大量的白银外流，更使中国的领土一步步被列强侵占，国库亏空，民不聊生。东方古国曾经拥有的辉煌，也随着西方列强坚船利炮的轰击而烟消云散，中国一步步堕入了半殖民地的深渊。不甘屈服的中国人民也由此开始了救国救民、富国图强的抗争之路。从洋务运动到维新变法，从太平天国到辛亥革命，从五四运动到中国共产党领导的新民主主义革命，中国人民屡败屡战，终于认识到了“只有社会主义才能救中国，只有社会主义才能发展中国”这一道理。中国共产党领导中国人民推倒三座大山，建立了新中国，从此饱受屈辱与蹂躏的中国人民站起来了。古老的中国焕发出新的生机与活力，摆脱了任人宰割与欺侮的历史，屹立于世界民族之林。每一位中华儿女应当了解中华民族数千年的文明史，也应当牢记鸦片战争以来一百多年民族屈辱的历史。

当我们步入全球化大潮的21世纪，信息技术革命迅猛发展，地区之间的交流壁垒被互联网之类的新兴交流工具所打破，世界的多元性展示在世人面前。世界上任何一个区域都不可避免地存在着两种以上文化的交汇与碰撞，但不可否认的是，近些年来，随着市场经济的大潮，西方文化扑面而来，有些人唯西方为时尚，把民族的传统丢在一边。大批年轻人甚至比西方人还热衷于圣诞节、情人节与洋快餐，对我国各民族的重大节日以及中国历史的基本知识却茫然无知，这是中华民族实现复兴大业中的重大忧患。

中国之所以为中国，中华民族之所以历数千年而不分离，根基就在于五千年来一脉相传的中华文明。如果丢弃了千百年来一脉相承的文化，任凭外来文化随意浸染，很难设想13亿中国人到哪里去寻找民族向心力和凝聚力。在推进社会主义现代化、实现民族复兴的伟大事业中，大力弘扬优秀的中华民族文化和民族精神，弘扬中华文化的爱国主义传统和民族自尊意识，在建设中国特色社会主义的进程中，构建具有中国特色的文化价值体系，光大中华民族的优秀传统文化是一件任重而道远的事业。

当前，我国进入了经济体制深刻变革、社会结构深刻变动、利益格局深刻调整、思想观念深刻变化的新的历史时期。面对新的历史任务和来自各方的新挑战，全党和全国人民都需要学习和把握社会主义核心价值体系，进一步形成全社会共同的理想信念和道德规范，打牢全党全国各族人民团结奋斗的思想道德基础，形成全民族奋发向上的精神力量，这是我们建设社会主义和谐社会的思想保证。中国社会科学院作为国家社会科学研究的机构，有责任为此作出贡献。我们在编写出版《中华文明史话》与《百年中国史话》的基础上，组织院内外各研究领域的专家，融合近年来的最新研究，编辑出版大型历史知识系列丛书——《中国史话》，其目的就在于为广大人民群众尤其是青少年提供一套较为完整、准确地介绍中国历史和传统文化的普及类系列丛书，从而使生活在信息时代的人们尤其是青少年能够了解自己祖先的历史，在东西南北文化的交流中由知己到知彼，善于取人之长补己之短，在中国与世界各国愈来愈深的文化交融中，保持自己的本色与特色，将中华民族自强不息、厚德载物的精神永远发扬下去。

《中国史话》系列丛书首批计200种，每种10万字左右，主要从政治、经济、文化、军事、哲学、艺术、科技、饮食、服饰、交通、建筑等各个方面介绍了从古至今数千年来中华文明发展和变迁的历史。这些历史不仅展现了中华五千年文化的辉煌，展现了先民的智慧与创造精神，而且展现了中国人民的不屈与抗争精神。我们衷心地希望这套普及历史知识的丛书对广大人民群众进一步了解中华民族的优秀文化传统，增强民族自尊心和自豪感发挥应有的作用，鼓舞广大人民群众特别是新一代的劳动者和建设者在建设中国特色社会主义的道路上不断阔步前进，为我们祖国美好的未来贡献更大的力量。

陈奎元

2011年4月

⊙韩养民

作者小传

韩养民，西北大学教授，民俗文化专家。曾出版专著《秦汉文化史》《中国风俗文化学》《中秋旧事》《汉陵与风水》，与人合著《中国民俗史》（隋唐卷）等学术著作十余种，译著《文化人类学》，所著小说有《关中古代战争演义》《风流皇帝》，主编《中国风俗丛书》（30本，约300万字）《原生态中国节》（6本，约90万字）《陕西旅游文化丛书》（100本，约1200万字）等。此外在中国大陆、港台地区及日本发表论文、散文、杂文、随笔约200余篇。

⊙郭兴文

作者小传

郭兴文，1956年11月生，汉族，陕西礼泉人，毕业于西北大学，先后获历史学士、文学硕士学位。现任西安日报社高级编辑，系国务院特殊津贴专家，第六届韬奋新闻奖的获得者，西安市政协委员，西安市作家协会副主席。

郭兴文新闻文艺作品及学术论文获全国省市奖百余次。著有《秦始皇帝》《中国古代节日风俗》《独持偏见》（诗集），译著《尹桑·弗罗姆》等十余种，参与主编大型丛书《中国风俗集粹丛书》《陕西历史文化百部丛书》等四套150余卷。1998年主创撰稿的8集系列电视专题片《黄土文化寻根》被列入“国家‘九五’重点音像出版规划项目”。参与“国家社科基金重点项目”《中国民俗通史》（隋唐卷）的编写，该项目获中国文联“山花学术著作奖”。

目录

一 导论

节日风俗的形成过程是一种历史的积淀过程，许多现代流行的节日风俗活动可以说是古代社会生活的活化石。然而，千百年的历史灰尘遮住了这块活化石的本来面目，因此，人们在生活中往往知其然而不知其所以然。节日风俗的起源、发展、演变的历史，不像政治、军事历史那样大起大落、风云变幻，也不像人类社会文明的进程，由石斧陶罐、青铜冶炼到蒸汽机、电气化那样标志明显。它是一个潜移默化、节奏缓慢的发展过程，渗入历代人们生活方式的细微之处，表现出一定时代人们的心理特征、审美情趣和价值观念。每一个特定的历史时期，都会出现一种特有的社会风尚，节日风俗内容也就会相应出现发展和变异。从总的趋势来看，节日风俗的发展有一定的规律可循，随着历史的发展与时间的推移，节日风俗的发展和演变留下了一条明显的轨迹。

1 神秘的原始崇拜与禁忌

探讨中国节日风俗的发展，首先遇到的就是中国节日风俗的起源问题。我国各民族有多种多样的传统节日，一年四季不同的节日又各有不同的风俗活动，每个节日都有它的来历及独特的发展历程。传统的民族节日除个别节日及道教、佛教等宗教节日外，大部分都起源于先秦时代，有的可以追溯到三四千年以前。那么，节日究竟是怎样产生的呢？

节日是人类社会发展到一定阶段的产物。节日产生、发展的过程是人类认识自然、改造自然的过程。首先可以肯定的一点是，节日的产生与天文、历法、数学有着密切的关系。在“山中无历日，寒暑不知年”的原始社会，生产力水平低下，不可能形成节日，这是一个众所周知的道理。关于古代的天文、历法知识，我们从文献上至少可追溯到《夏小正》与《尚书》。《夏小正》虽然难以确定为夏代之作，但它也可能反映了夏代的一些天文历法知识。其中有一年各月晨昏北斗斗柄的指向及若干恒星的现、伏或中天的记载，而且把这些天象同相应的物候糅合在一起，构成天文历与物候历的结合体。在《尚书·尧典》中已有“仲春”、“仲夏”、“仲秋”、“仲冬”的“四仲中星”岁时划分记载。此“四仲”正是春分、夏至、秋分、冬至四节气。这四个节气的确定至迟在商末周初，到战国时，我国特有的二十四节气基本齐备，每隔十五天设一节气，把一年划分为二十四等份，对农业生产起着重要的指导作用。从纪时方法来讲，夏代已出现天干纪日法，商代又配以十二地支，成为六十干支纪时表。在殷墟出土武王时的一块牛胛骨上就刻着完整的六十甲子。到周代又发明用圭表测影计时，进一步确定了冬至（一年中正午日影最长之时）与夏至（一年中正午日影最短之时）。并且，在周代还定出了“朔日”。《诗经·小雅·十月之交》云：“十月之交，朔日辛卯。”所以明末顾炎武在《日知录》中说：“三代以上，人人皆知天文。”历日的确定为节日的形成提供了必备的前提。比如冬至作为节日首先要确定“冬至”这个节气；元旦定型的前提首先是正月“朔日”的确定；有人认为“端午”的起源与夏至有密切关系，那么夏至的确定也为端午节的形成提供了必要条件。

但是，节日并非历日，也非节气。历日的确定仅仅只为节日的产生提供了必备前提。节日必须有一定的风俗活动。从最早的风俗活动来看，原始崇拜、迷信与禁忌才是节日产生的最早渊源。原始崇拜中图腾崇拜占据重要地位，我们胼手胝足的先民们，在靠采集野生植物和猎取动物求生存时，动植物就成了人类生存必不可少的条件。原始氏族把动物尊奉为神明来崇拜，在我国最典型、最普遍的图腾崇拜可以说是龙崇拜。“龙”是我国古代人民幻想出来的一种动物。《说文解字》解释：“龙，鳞虫之长，能幽能明，能细能巨，能短能长，春分而登天，秋分而潜渊。”在商周青铜器上有大量龙的图案。在《易经·乾卦》中有“飞龙在天”、“或跃在渊”、“见龙在田”等记载。作为“鳞虫之长”的龙既是祥瑞之物，又是掌管雨水的神灵。对于一个原始的农业国家来说，龙的神奇作用太大了，因此古代不乏祭龙的记载。如《左传·桓公五年》：“凡祀，启蛰而郊，龙见而雩。”这里就是把龙作为雨神来祭祀的。再如《山海经》中描述“应龙……乃去南方处之，故南方多雨”，而烛龙“不食不寝不息，风雨是谒”。古代帝王自称“真龙天子”，或人龙交合的产物，并且认为龙与天帝有密切联系，因此要“交龙为旗”（《周礼·春官》）、“龙章而设日月，以象天也”（《礼记·郊特牲》），以龙旗来象征龙，给人们带来吉祥。龙图腾崇拜对中华民族的影响极为深远，中华民族号称“龙的传人”。正因如此，江浙一带的古越民族每年端午有祭祀龙图腾的“龙舟竞渡”活动，闻一多先生认为这种龙图腾崇拜是端午风俗形成的渊源。而二月二龙抬头节则与龙在“春分而登天”的观念有直接关系。

原始崇拜中有日月星辰崇拜。1960 年在山东黄县陵阳河出土了四件陶尊，其中两件陶尊上分别刻有“[illegible]”、“[illegible]”两个图案，这两个图案描绘的是太阳、云气和山冈。有的学者认为这应是最早的“旦”字。这些陶尊距今已有 4500 多年，是先民们用来祭祀日月、祈保丰收的祭器。日月崇拜在世界各国都比较普遍，南美洲土著民族以为月亮的柔和光线带来凉爽和露水，滋润人畜，促进植物生长，因此祭月。以色列人要举烽火迎接新月初升。古埃及、希腊、印度都有月崇拜。我国古代也曾盛行日月崇拜。在《山海经》、《楚辞》中都有月宫神话的记载。而《礼记》还记载“天子春朝日，秋夕月，朝日以朝，夕月以夕”。这种原始的祭月、拜月正是中秋节赏月风俗的源头。星辰崇拜在

《史记·天官书》中反映最为突出，一部《天官书》使满天的璀璨星斗各有所主、各有所司。《尔雅·释天》“祭星日布”，也可看出古代星辰崇拜的风俗。但是在满天星辰中，与劳动人民关系最密切的是牛郎、织女星。男耕女织的小农经济反映到星辰上，相反星辰又主宰了人间命运。如《史记正义》解释织女三星“主果蓏丝帛珍宝”。而《史记正义》引古代占星术的解释就更神秘离奇了，认为王者人主对神明至敬至孝，便三星俱明，否则三星光芒暗而微，天下女工皆废。如果织女三星中的大星光“怒而角”，那么就会“布帛涌贵”，看不见就会起兵灾。可见织女星与人民的生活息息相关，因此，最早的对织女星的崇拜与祭祀正是七夕拜星、乞巧风俗的上源之一。

中国古代原始崇拜中还有天地崇拜。我国以农业立国，人们赖以维持生命者是土地，是谷类，没有土地，则谷类无所寄以生长，所以劳动人民与土地分不开，更重视土地神的崇拜与祭祀。古代称祭土地为“社祀”，《说文解字》云：“社，地主也。”《礼记·郊特牲》：“社祭土。”我国古代这种土地崇拜及祭祀源远流长，据《史记·封禅书》记载：“自禹兴而修社祀……郊社所从来，尚矣。”土地崇拜早在夏商时期就已存在。在出土的商代甲骨文中，就有大量祭祀“亳土”的卜辞。不过早期的土地崇拜是自然崇拜，商代以后便出现拟人化的土地神。西周以后土地神也分了等级，人们把土地称为社神或社主，有时把祭土地神的地方也称社。祭社的方法也有多种，一种是“瘗埋于泰折”（《礼记·祭法》）。孔颖达注《礼记·郊特牲》说：“地示在下，非瘗埋不足以达之。”二是血祭，《周礼·大宗伯》就记载：“以血祭社稷。”当然以上两种为帝王祭社法。更为普遍的是封土设坛而祭或择树木而祭。《风俗通义·祀典》中说：“社者，土地之主。土地广博，不可遍敬，故封土以社而祀之，报功也。”在《墨子·明鬼》中提到“必择木之修茂者，立以为菆位”。关于祭社的树木选择说法也很多，如《论语·八佾》就记载哀公问社于宰我，宰我回答说：“社，夏后氏以松，殷人以柏，周人以栗。”在周代人们认为社神名后土，是共工之子。《左传》与《礼记》均持此说。尽管其说千差万别，祭法各地不一，但有一点可以肯定，土地神是由原始的土地崇拜发展演变而来的。而我国古代普遍存在着土地崇拜，在民间祭社活动尤为盛行，因此《国语·鲁语上》中有“夫齐弃太公之法，而观民于社”的记载。《淮南子·精神训》中说：“今夫穷鄙之社也，叩盆拊瓴，相和而歌，自以为乐矣。”说明当时祭社已成为十分广泛的民俗活动，即使穷乡僻野也是如此。这种原始土地崇拜风俗，后来就逐渐形成了几个相关的节日。一是“社日”，分春社（立春后第五个戊日）和秋社（立秋后第五个戊日）。春社向土地神祈祷请求赐予丰收，而秋社则是对土地获得丰收的酬报，称作“报功”。《荆楚岁时记》云：“社日，四邻并结综会社，牲醪，为屋于树下，先祭神，然后飨其胙。”“社日”在古代是十分受重视的节日，如杜甫《遭田父泥饮美严中丞》诗：“田翁逼社日，邀我尝春酒。”唐王驾《社日》诗云：“桑柘影斜春社散，家家扶得醉人归。”二是“立春”的行春之仪，高承《事物纪原》就有“周公始制立春土牛，盖出土牛以示农耕早晚”之说，其实质也是祭土地神的形式之一。三是二月二的龙抬头节也渗入了祭土地神的风俗，俗传这一天是土地公公的生日。

我国传统文化的基本特征和核心精神是重伦理，上古时代已开祖先崇拜之端，到商周时代祖先崇拜之风日盛。上古的祖先崇拜，到春秋战国时代演变出儒家的孝道，提倡“事死如生”。然而祖先崇拜的风俗及礼俗也对节日产生了深远影响，比如寒食、清明的祭墓风俗直接来源于祖先崇拜，而腊日的形成也直接源于祖先崇拜。如《风俗通·祀典》云：“礼传曰：夏曰嘉平，殷曰清祀，周曰大蜡，汉改曰腊。腊者猎也，因猎取兽以祭祀其先祖也。”不仅腊月腊八之节来源于祖先崇拜，而且年节、中秋、冬至等节日的祭祖风俗无一不导源于此。

但是，节日风俗的来源并不全是原始崇拜的产物，不少节日的风俗内容都来自古代禁忌与神鬼迷信。值得注意的是，早期的“神鬼迷信”与巫术有很大关系，最突出的表现是巫术对自然界的征服，而不像后来的神鬼迷信那样“尊神事鬼”，向自然神秘现象以及子虚乌有的神鬼屈服。

在上古人的面前，世界是错综复杂而又严峻无情的，他们只能凭借着感性的、质朴的思维方式，去探索宇宙万物的奥秘，把握自然的某些表象，当其对大自然的许多奥秘寻找不出答案时，就产生了许多禁忌。

和岁时相关的禁忌与后来节日的形成不无关系。如寒食节禁火就渊源于古代禁火俗，《周礼·秋官司寇》就记载司烜氏“仲春以木铎修火禁于国中”。倘若追溯禁火习俗，则与古代原始火崇拜有关。经过一冬的干燥，林木容易引起火灾，加之春季又多雷雨，更易失火。古人对此自然火灾缺乏科学认识，就提倡禁火冷食，后来被统治阶级纳入礼仪中，又形成礼俗固定下来。又如每年春季，正是瘟病与流行感冒易发的季节，因此古代人要在这个时候祓禊防疫，这就是上巳节（后来固定为三月三日）的来历。所以最早对上巳节的记载均与巫术祓禊相关。如《风俗通祀典》云：“按周礼，女巫掌岁时以祓除疾病。禊者洁也，故于水上盥洁之也。巳者祉也，邪疾已去，祈介祉也。”在古代尽管对流行病缺乏必要的研究，但是，在发病季节，人们已认识到讲究清洁、注意健康卫生还是值得称道的。因此，祓禊讲究盥洁，这同南方傣族泼水节颇有类似之处，只不过加上了巫术迷信色彩而已。与此相似的是五月，正是炎热酷暑将临之时，也正是流行病、瘟瘴疫疠将发之际，从现代医学观念来看，乙型脑炎与脑脊髓炎此时发病率也最高，古人认为这是一个恶月。五月五日更是恶月恶日，连生的儿子都不吉利，从而导致了端午节一系列风俗的形成。同样，九月九日重阳，远游登高，以避疫疠，其原因也是如此。总之，古代节日都有所禁忌，当我们对这些现象进行探索时就会发现，古代大部分节日都是单日，尤其是单月单日，如一月一日元旦、三月三日上巳节、五月五日端阳节、七月七日七夕节、九月九日重阳节等。中国人认为双月双日、成双成对为吉利，为何节日大多是单月单日呢？如果仔细考究，这些所谓的节日并不像后世演化的那么欢天喜地，称“佳节良辰”，而都是些极不吉利的日子，各有所禁忌，非“凶”即“恶”。正是这些恶月、恶日，导致了节俗的形成。

古代神鬼迷信与巫术紧密结合，许多神鬼迷信观念在节日风俗的产生过程中也起了很大的作用。古代鬼一是指人死后精灵不灭，为鬼魂；二是指万物形成的精灵，这些鬼能危害于人。王充《论衡·订鬼篇》中对各种各样的鬼作了详尽的论述。古代人由于对鬼畏惧，便要借助神的威力来驱鬼。与节日关系比较紧密的就是门神。在《礼记·丧大记》郑玄注中就有“礼门神”之说，而《荆楚岁时记》又将神荼、郁垒确定为年节门神。考其神荼、郁垒的神话传说在《山海经》中已有记载，可见由来已久。以门神驱鬼本身是一种巫术形式。除神外，桃木也被古人认为有一种神秘的力量而用于驱鬼。如《左传·襄公二十九年》记载楚人要襄公亲自给死人送襚衣，这对襄公来说是有失君臣之礼受辱之事。但是襄公听从穆公的建议，“乃使巫以桃茢先祓殡”，结果楚人没有禁止，后悔莫及。《左传·昭公二十四年》也记载：“桃弧棘矢，以除其灾。”用具有神秘力量的桃木弓矢来消灾。《礼记·檀弓下》载“君临臣丧，以巫祝桃茢执戈，（鬼）恶之也”。桃木不仅使鬼害怕，《淮南子·诠言训》还记载“羿死于桃棓”。既然桃木棒能将射落九日的羿这样的巨神打死，那制服鬼当然是绰绰有余了。至于桃木为何有此神奇作用，仅是古人对植物的迷信认识而已。由此对除夕、元旦节日风俗产生的影响就是门神（神荼、郁垒）也要削桃木为之，并要执桃弓苇索。后世演化成桃符。

与桃木驱鬼相类似的是“傩”，“驱傩”本身也是一种鬼神迷信与巫术的产物。它究竟起源于何时虽不可知，但根据文献记载至晚不会迟于西周。《礼记·月令》中就记载有“命有司大傩，旁磔，出土牛以驱寒气”。《论语·乡党》中记有“乡人傩”。《吕氏春秋·季冬纪》注云：“腊前一日，击鼓驱疫，谓之逐除。”可见在先秦时代这种巫术驱傩仪式颇为盛行。后来这种仪式不仅成为年节除夕必须具备的风俗活动，并且对腊八、腊月二十三（或二十四）灶君升天日的节日风俗也产生了影响。

灶神，也是先秦时人们颇为迷信的一位家神。在《战国策·赵策》中就有复涂侦“梦见灶君”之说。《庄子·达生篇》：“灶有髻。”司马彪注云：“髻，灶神，著赤衣，状如美女。”关于灶神的来历在古代说法不一。《淮南子·汜论训》云：“炎帝作火，死而为灶。”南朝宗懔《荆楚岁时记》解释“灶神姓苏，名吉利”。唐代段成式的《酉阳杂俎·诺皋记》又云：“灶神姓张名单，字子郭。”但是，不论灶神履历如何，怎样来的，总之在先秦时代人们已对其深信不疑。而灶神又家家有之，家家祀之，因此，祭灶神也就形成了一个专门的节日。《太平御览》引《淮南万毕术》

云："灶神晦日升天，白人罪。"对于家庭告密者的灶神人们是不欢迎的，但也得罪不起。所以，早在春秋时孔子《论语·八佾》就记载王孙贾有"媚奥媚灶"之事，可见祭灶风俗由来已久。

2 节俗发展与演变

上述的原始崇拜、神鬼迷信、禁忌等习俗无疑是节日风俗产生的土壤。但是，这些习俗要注入节日还需要很长的时间，一方面要使上述的原始习俗上升到礼仪性质，成为"约定俗成"的礼俗，另一方面，要通过神话传奇故事给特定的节日增添浪漫迷离的色彩，通过历史传说的附会使其更加合情合理。某些民间习俗一旦被统治者引入宫廷生活，就会产生上仿下效的效果，从而使这些民间习俗更加风靡普及……从某种意义上讲，这些条件都是节日风俗形成的催化剂。

根据节日风俗的起源及发展来看，大部分节日在先秦已产生，但是从风俗内容上来看尚不够丰富，形式上也往往比较单一，流行地区不一定广泛，有些时间也不那么固定。所以，先秦只能是节日风俗的起源萌芽阶段。之所以如此，这是有深刻的历史原因的。众所周知，许多自然崇拜、神鬼迷信和禁忌在原始社会已开其端，这从现代民俗考古及文物考古都可证实。但是，当人们从蒙昧时代一跨进文明的门槛，第一个历史阶段就是奴隶社会。文明社会的历史进程并不尽是伴随着温情脉脉的牧歌声发展的，残酷的奴隶制统治使人性受到极大的压抑，广大奴隶只是会说话的工具，像牛马一样可以任人买卖宰割。尽管有历史遗留下来的许多原始社会民族风俗，但没有人身自由的奴隶，却失去了发展这些风俗活动的权力。而占统治地位的奴隶主贵族阶层，又生活在宗法制的桎梏下，对许多非本族本部落的风俗活动进行排斥和禁止；另一方面，又把一些原始社会风俗神圣化、规范化并演变成礼俗，披上了“礼”的合法外衣。所以，我们今天探讨古代节日风俗起源时，大量材料是从《周礼》、《礼记》中获得的。这个阶段，节日风俗作为民间生活风俗，失去了自由发展的条件和土壤。春秋战国时代，奴隶制“礼崩乐坏”，大量的奴隶逐步转化成自耕农，一些奴隶主也向封建地主转变。与前代相比，人有了自己生活的权力。人类自我意识觉醒，逐渐冲破“礼”的束缚。因此，民间风俗也自然“相染成风，相沿成俗”，得到了长足的发展。无可否认的是，在普通的民众中，最先复苏的是原始思维、意识。人类早期的迷信、崇拜、禁忌再次进入了人们的生活。所以节日风俗的早期萌芽大部分发生在这个时期。

但是，春秋战国时的长期分裂，又影响了已经萌芽了的节日风俗的发展。各个国家或地区具有各自不同的历史积淀和传统习惯，因此，国与国之间、地区与地区之间节日风俗不尽相同，而林立的国家界限又把人们分别囿于狭小的生活圈子里，生活风俗缺乏必要的融合，从而造成了“百里不同俗”的局面。因此，早期萌芽的各国各地的节日风俗活动也比较单一。例如五月五日，南方的民族在划龙舟、祭龙图腾，而北方中原地区却在忌恶日。所以，节日风俗的融合有待于国家的统一，节日风俗的定型及进一步发展也只能留给汉代。

汉代是中国节日风俗的定型时期。除夕、元旦、人日、元宵、上巳、寒食、端午、七夕、重阳等主要节日的风俗内容都基本定型于这个时期。

中国主要节日风俗定型于汉代有其深刻的历史原因及多方面的社会条件。除继承先秦社会生活风俗这个历史原因外，从汉代社会背景来看，促成节日风俗定型主要有三方面的因素。首先，汉代是一个政治、经济比较稳定的统一国家，统一使先秦时代各地区不同的风俗出现了融合。先秦时代的荆楚文化圈、巴蜀文化圈、齐鲁文化圈、吴越文化圈、北方文化圈、中原文化圈与秦文化圈在汉代逐步融为一体。各地的风俗也互相吸收渗透，你中有我，我中有你。长安宫廷中跳起南方楚舞，唱起楚歌，中原的礼俗也传到南方荆楚及“断发文身”的百越之地。反映在节日风俗上，对照一下《荆楚岁时记》所载南方节日风俗与《西京杂记》所载长安节日风俗，有许多类似之处，令人惊诧，这正是“相染成风”的风俗传播与融合发展的结果。

汉代又是一个科学与迷信并盛的时代，这为节日风俗发展提供了良好的土壤和空气。汉代天文学有了长足的发展，关于宇宙天体已有了三家学说：盖天说、宣夜说、浑天说。盖天说认为“天圆地方”，天如伞盖，地像棋盘；宣夜说认为天体形成的来源是元气；浑天说认为天地像鸡子，天在外像蛋壳，地在内似蛋黄，二者之间是气。东汉大科学家张衡在《灵宪》一书中已指出日有光、月无光、月亮借太阳的光辉而发光；并指出月食是地体掩蔽日光的结果。他还制造了浑天仪来模拟星辰的运行，制造了地动仪来测定地震，制造了候风仪来测定天气。对日食、月食、地震、山崩、水涌、暴风雨等都作出了比较合理的科学解释。汉代的科学技术发展在一定程度上打破了先秦时代那种盲目的自然崇拜，对节日风俗也产生了巨大影响，突出地表现为原始的自然崇拜与巫术式的风俗向宗教神学人文化过渡。前面提到节日形成与历法关系极为密切，历法的确定是节日确定时间的前提。但是，夏、商、周三代以来直至汉初，每次改朝换代，都要改律历，易正朔，重立岁首。历法多变无疑对节日产生影响。西汉时，汉武帝命太史司马迁、星官射姓、历官邓平及专家唐都、落下闳、司马可、侯君宜等20余人制定了《太初历》，更精确地反映了一年中地球的运行周期，特别是确定了以建寅之月为岁首，从此以后两千多年再无大的变更，这无疑是节日得以确定的重要因素。

但是，汉代又是神鬼横行、谶纬迷信的时代。战国时，邹衍创立的阴阳五行学说体系，以木、火、土、金、水五行配方位、时序，以五行顺相生，逆相胜（克）来解释社会，形成五德终始说。这个学说为秦汉统治者所欢迎、信奉，成为封建迷信的大本营。五行学说在汉代与“天人感应论”相结合，天成了最高的人格神。阴阳五行是神支配世界的工具，灾异、天变、祥瑞是天神对人间的谴告、惩罚或降福。人们预测天意的手段则是谶纬，如此形成了一套完整的神学体系。如果说先秦时代的迷信仅仅只是由原始自然崇拜、巫术禁忌发展演变而来的，那么汉代的迷信则有了完整的理论依据，更深入地渗透到社会生活的各个角落。从社会上层到乡村僻野的平民百姓，无不笼罩在一片神秘的迷雾中。如妖异、灾变、吉凶、忌讳、祈禳、怪祟、厌胜、拜龙、求雨、卜筮、巫蛊等迷信活动随处可见。“神仙”成灾，方士泛滥。巫婆、神汉、方士，得意洋洋招摇过市，封建统治者待之若上宾，虔诚的信徒们趋之如神明。秦始皇、汉武帝都曾不惜耗资巨万，请方术之士为他们觅长生不死之药，寻高誓、羡门求成仙之术。一场方士的骗局可导致秦始皇的坑儒惨案，一次巫蛊之祸可使汉武帝父子骨肉相残！上行下效，迷信的流毒之深可想而知。但是，这种迷信的社会风气对节日风俗的形成却是必不可少的条件，节日起源于原始崇拜与禁忌，形成于迷信风俗。汉武帝为了祭祀太乙神，设祭坛、立祀祠、宰牛马、具太牢，兴师动众，折腾数年。正由于“汉家常以正月上辛祠太一（乙）甘泉，以昏时夜祠，到明而终”（《史记·乐书》），这种在甘泉宫大张灯火祭太乙神的方式却被民间所仿效，形成了正月十五元宵节张灯夜游的风俗。阴阳五行家又把迷信禁忌活动划分给一年的四时八节、二十四节气，形成了一套僵化的岁时迷信顺序。司马谈在《论六家要旨》中就批评阴阳家说："夫阴阳四时、八位、十二度、二十四节各有教令，顺之者昌，逆之者不死则亡，未必然也。故曰'使人拘而多畏'。"当然像司马谈这样头脑清醒的有识之士毕竟不多，大多数人都是"拘而多畏"，以求顺之者昌。阴阳五行学说给一年岁时月日搞了那么多迷信禁忌，又被汉代尊为思想学术的正宗——儒家吸收，杂以"天人感应"及谶纬迷信，都罩以儒家的合法外衣，一部《礼记·月令》就保存了不少当时的岁时禁忌与迷信观念，可供借鉴。岁时划分的迷信禁忌一写入经典，又逐步上升为礼俗。这种迷信与礼俗的混合体，在确定节日及其风俗活动中起着不可估量的作用。在汉代节日风俗活动中也充分反映出迷信活动的气氛，不是在佳节良辰时追求生活的欢乐愉悦，而是仪式繁琐地尊神事鬼，逐瘟驱疫，一片恐怖。请看：年节放爆竹是驱鬼！礼门神，亦是驱鬼！挂桃弓苇矢还是驱鬼！最后大张旗鼓举行盛大的驱傩仪式，再逐疠驱鬼！除驱鬼外就是祭祀祖先，进酒降神。至于饮椒柏酒，叙天伦之乐倒成了次要的。再如元宵节祭祀太乙神，上巳节女巫在河边进行消灾除邪、祓禊疾病的仪式，端午节除恶禳毒，等等，各种活动，莫不如是。

这里还有一点值得一提的是神话。节日与神话是起源于原始崇拜的一对孪生姊妹，在发展中，互相影响，关系亲密。神话为节日增添浪漫色彩，节日为传播神话又提供了媒介。在汉代，神话的发展也为节日风俗的发展起了推动作用。有些风俗活动本身就来源于神话。那时，吴刚虽然还没有得道成仙，然而嫦娥却已经进入广寒宫，玉兔金蟾的传说使中秋节拜月之俗向赏月之俗发展，已搭上了浪漫的神话桥梁。织女星虽然还没有下嫁牛郎结成夫妻，但是“盈盈一水间，脉脉不得语”的眉目传情，已给“七夕”乞巧的姑娘们增添了生动有趣的话题。

在汉代节日风俗的定型发展过程中，尤其是东汉，历史的积淀已在节日风俗中呈现出来，表现在两个方面：一是对一些历史人物的祭奠代替了原来某些原始崇拜活动的内容，成了节日的主宰，如后稷、屈原、介子推、伍子胥等，皆由人得道成神，受到人们的崇拜。二是风俗本身发展中，一些风俗上升成礼俗，一些礼俗演变为风俗，不少风俗和礼仪融为一体，被人们约定俗成地接受并沿袭下来。这一点在以后的节日风俗发展历史上也是如此。

魏晋南北朝时期，在中国节日风俗发展史中是一个受冲击并出现变异的阶段。冲击来自三个方面：道教、佛教的宗教冲击，清谈玄学思想带来的玄怪观念的冲击，民族融合的冲击。由于这些冲击，节日风俗活动的内容及性质发生了变异。

不正常的社会秩序造成严重的社会心理失常，反映在节日风俗上是出现了一系列怪诞荒唐的风俗时尚。至于在节日期间，借登高之会，乘祓禊之时，宴享宾朋，曲水泛觞，纵饮酗酒，高谈阔论，诗酒风流，蔑视名教礼法，清谈漫论玄学更是寻常之事。原来许多颇为严肃的节日风俗活动，此时人们已漫不经心，随意为之。相反，那些怪诞不经的妖异之事，迷信荒唐的无稽之谈，倒是那时人们颇为关心的话题。许多荒唐的神鬼传说与节日附会在一起。这些不仅在当时文人的笔记小说中随处可见，就是那些严肃的正史如《晋书》等，也充斥着迷信怪诞的记载，由此也可反映出当时的社会风气。

宗教冲击对节日风俗影响颇深。一方面出现了一些宗教节日，如：四月八日浴佛节，七月十五日中元节等。《三国志·吴书·刘繇传》记载繇融大起浮屠祠，"每浴佛，多设酒饭，布席于路，经数十里，民人来观及就食且万人，费以巨亿计"。可见浴佛盛会规模之大。《高僧传·佛图澄传》记载后赵石勒将诸稚子皆寄养寺中，每至四月八日"勒躬自诣寺灌佛，为儿发愿"。《佛祖统纪》记载宋孝武帝大明六年（462 年）四月八日，于殿内灌佛斋僧。浴佛节仪式在南北各民族中都相当流行。七月十五是佛教的盂兰盆会节，也是道教的中元节。依据《盂兰盆经》举行仪式首创于梁武帝萧衍。《佛祖统纪》云：大同四年（538 年）梁武帝幸临同泰寺，设盂兰盆斋。《释氏六帖》也记载："梁武每于七月十五日普寺送盆供养，以车日送，继目连等。"自此以后，佛教节日遂成风俗，历代帝王以及群众无不举行，以报祖德。唐宋以后，此风尤盛。

佛教与道教不仅分别形成了自己的若干宗教节日，而且对传统的节日风俗给以巨大影响。《道书》云"三元节"，把正月十五称上元，七月十五称中元，十月十五称下元，都归为道教节日。本来正月十五元宵节起源于汉武帝祀太乙神，可是道教著作《修真指要》却解释为："上元日，天地水府，三官朝天之辰；上元，十天灵官、神仙兵马与上圣高真妙行真人，同下降人间，考定祸福。"不仅如此，上元日还是张灵源真人、张元精真人飞升之良辰。经此一说，上元作为道教节日已神乎其神。可是佛教还认为此节日应是佛教的，唐道世《法苑珠林》却记载汉永平十四年（71年）正月十五，在汉明帝主持下，道士与西域和尚在白马寺斗法比高低，结果道士失败，和尚得胜，"光明五色直上空中，旋环如盖，于时天雨宝华，大众咸悦"。这虽然是佛道相争而编造的谎言，但说明佛教、道教都想在元宵节传统风俗中加入自己的影响。腊月本是祭祖的节日，《荆楚岁时记》却记载此日村人"作金刚力士以逐疫，沐浴转除罪障"。传统节日中出现了佛教神。以后按佛教解释此日又成了佛教创始人释迦牟尼的"佛成道日"。每到腊八这天，群僧诵经，喝佛粥以示纪念。佛粥也称腊八粥，到唐宋时此风俗已广播民间。宋代诗人陆游就有"节物犹关老病身，乡傩佛粥一年新"的诗句。其他节日如中秋、重阳、七夕等节日风俗中都有佛教与道教的仪式内容渗入，这种宗教对节日的影响在唐宋以后表现得尤为明显。

魏晋南北朝时期，北方少数民族入主中原，与汉人杂居，一方面使汉族与少数民族的风俗出现融合；另一方面战乱造成北方人民向南方的大迁徙，使汉族内部南北风俗也产生融合。以端午节为例，北方中原地区的恶月恶日观念此时被南方荆楚人民所接受，并被写进《荆楚岁时记》。关于端午节所纪念的历史人物，各地有各地人民所崇拜的英雄。《邺中记》、《琴操》记载山西并州地区人民以五月五日纪念介子推；吴越地区人民以此日纪念伍子胥；《会稽典录》及《后汉书·列女传》记载会稽人民于五月端午纪念孝女曹娥；《初学记》又引谢承《后汉书》记载苍梧郡人民于是日纪念苍梧太守陈监；荆楚地区人民在此日纪念屈原。可是，经过魏晋南北朝时期的民族大迁徙与融合后，南北节日风俗逐步融合统一，加之战乱时代人民都思念敬佩伟大的爱国主义者屈原，所以，到唐宋以后，以五月五日端午节纪念屈原说再无多大争议，这正是南北风俗融合的结果。

唐代，是中国节日风俗划时代的裂变时期。节日完全从原来的禁忌、迷信、祓禊、禳除的神秘气氛中解放出来，转变为娱乐型、礼仪型，成为真正的“佳节良辰”。在某些方面已向奢侈享乐方面发展。

从隋唐到宋代节日风俗一直处在这种变化过程中，这是由一定的历史背景所决定的。隋唐时期是中国封建社会的昌盛时代，北魏时出现的“均田制”，到唐代时已推行全国，将土地按户分配给农民耕种，赋税征收采用劳役地租与实物地租相结合的“租庸调”制，使封建小农经济模式达到了空前的繁荣。在加强政治、经济统治的同时，从隋炀帝开始又开设“进士科”，通过文章辞赋科举铨选官吏，这一方面给汉族地主阶级知识分子进入统治阶层做官搭起了阶梯，另一方面也促进了文学艺术的发展。由于国家的强盛和统一，科学技术的长足进步，农业生产从几百年的战乱中恢复起来，手工业、商业都十分发达。尤其是唐代从“贞观之治”到“开元盛世”，经济繁荣，文化昌盛绝非前代可比。社会经济的发展与人民生活的相对稳定，给社会风俗演变提供了历史条件，因此，表现在节日风俗上的一个突出特点就是向娱乐型演变。

在元旦，爆竹不再是驱鬼的手段，噼里啪啦的响声已象征着欢乐与热烈，“驱傩”转化成街头演出的小戏，庄严神秘的仪式变成了人们喜闻乐见的娱乐活动。元宵节的祭神灯火变成了人们游观的花灯，中秋节由拜月变成了赏月，重阳节已成了赏菊盛会，上巳节祓禊为踏青所替代。每逢佳节，“游乐成观”、“仕女如云”的记载在唐代人的诗赋文章中比比皆是。

节日变得欢快愉乐，风俗生活内容也变得丰富多彩。大量的体育娱乐活动出现在唐人的节日里，如荡秋千、放风筝、蹴鞠、打马球、拔河、射箭、走马、游猎、斗百草等，形式多样。不同季节，不同的节日活动内容也各异。尽管在魏晋南北朝时，许多节日风俗已向娱乐型转变，一些体育娱乐活动也在节日出现，但远不及唐代变得这样彻底，这样普遍，尤其是节日观念上的转变。唐代有关节日的神话故事，也不再是那么狰狞可怖，而变得生动滑稽，浪漫而又富有诗情画意。唐玄宗偕道士游广寒宫，月宫桂下，仙姝成群，歌舞迷人。魏晋时织女还被视为因好吃懒做而受惩罚之人，唐代以后，她已成了真善美的化身。至于凶神恶煞的捉鬼门神，先由钟馗取代，后又转让给秦叔宝、尉迟敬德二位将军。繁荣的社会经济带来了轻松愉快的节日风俗，反映出唐代人民丰富的生活情趣，相对平衡的社会心理状态。

但是，发达的封建社会经济，给节日风俗也带来了奢侈的风气。早在隋文帝时，都邑百姓每至正月十五，“作角抵之戏，递相夸竞，至于靡费财力”。因此大臣柳彧上奏隋文帝“请禁绝之”。这个建议得到一贯提倡“节俭”的隋文帝的赞许，诏令“颁行天下，并即禁断”（《隋书·柳彧传》）。但是，隋文帝的后继者隋炀帝却是一位花天酒地、爱好游乐、淫逸至极的浪荡天子，大开奢侈淫靡之风。《隋书·音乐志》记载隋炀帝时，“每当正月，万国来朝，留至十五日，于端门外建国门内，绵亘八里，列戏为戏场，百官起棚夹路，从昏达旦，以纵观之，至晦而罢。……其歌舞者多为妇人服，鸣环佩，饰以花毦者，殆三万人”。节日演出数万人历时经月，规模之盛惊人。正因他如此浪费民力，一味追求享乐，所以不过十多年，隋朝的国力、民力、财力被他挥霍殆尽，隋朝亦在隋末农民大起义中灰飞烟灭。到了唐代，风流天子唐玄宗执政，后期也是一味只求享乐，荒淫奢侈。元宵节宫廷里别出心裁，制作“灯轮”，缚山棚，架灯楼，连杨贵妃的姐姐韩国夫人也制作高达八十尺的灯树。中秋赏月，重阳赏菊的宫廷淫靡风俗不胜枚举。宫廷如此，达官贵人争相仿效，下迄民间地主均竞比豪华，夸财斗富，讲究节日排场，浪费惊人。

唐代这种节日淫靡之俗到宋代尤甚。尤其是宋徽宗、钦宗二位亡国之君，治国无能，御敌无功，只知享乐。到南宋偏安一隅，不思恢复，更花天酒地，只知鱼肉人民。这一点在节日风俗中最为突出。《东京梦华录》、《梦粱录》、《乾淳岁时记》中大量记载了宋代节日的奢侈风俗，无需一一引证。

中国节日风俗到明清时，出现了三种变化。一是上层统治者及文人士大夫阶层的复古风，二是有些以小农经济为基础的节日风俗被淘汰或淡化，三是游乐性的风俗获得迅猛发展。因宋明理学的影响，封建礼教对人们的思想禁锢日益加强，封建社会日趋僵化，这反映在节日风俗上也有了变化，更讲究节日的礼仪性、应酬性。

3 节俗的特点

从中国节日风俗起源、发展、演变的过程中，可以看出在历史长河的每一个阶段，节日风俗都呈现出鲜明的时代特色。千百年来，各个时代不断给节日注入新的内容，保留其合理内核，同时又不断出现变异。因此，中国节日风俗发展的过程是一个千变万化的过程，随时代推移而转变，因地区不同而有差别，不同的自然环境、不同的民族都有着不同的社会风尚。有的节日风俗活动千年盛行不衰，传承不止，有的随时代脉搏而兴，顺历史潮流而消亡。由于人类生活本来就是丰富多彩的，所以节日风俗的历史画卷也是多彩多姿、仪态万千的。但是，风俗发展是历史发展的生活明镜，一定的风俗是一定历史阶段社会心理状态的映射，反映出国家、民族、地区的文化因素及生活特点。节日风俗也不例外。中国节日风俗不仅与世界各国的节日风俗有相通的共同点，即纪念性、传承性、稳定性等，而且有自己独具的鲜明特点。

正如同上节所述，中国节日风俗同中国历史一样源远流长，连绵不断，在历史发展中，被打上鲜明的历史烙印。这一点与欧洲宗教节日及其他节日大不相同。在中国节日形成发展过程中，许多历史人物被赋予永恒的生命而进入节日，同时历史人物也往往给节日赋予了新的意义。如后稷、屈原、介子推、钟馗、秦叔宝、尉迟恭等都是历史人物，他们先后进入节日被作为纪念对象或负有某种责任，使中国节日产生了深沉的历史感。在历史长河中，许多文人雅士的节日活动被人们传颂，形成掌故，演化成风俗，广泛流传。如陶潜赏菊、白衣送酒之类成为节日活动的热门话题，举不胜举的文人雅事，给节日风俗增添了美丽的花絮。许多古代大文学家、诗人为节日谱写了传颂千古的名篇，每到节日人们总忘不了这些脍炙人口的佳作，使良辰吉日，倍增雅趣。这些都与中国的古老文明息息相关。科学技术的进步，生产力的发展，社会制度的变迁，统治者的好恶与提倡，这些因素都对节日风俗产生了巨大的影响。天文历法的进步是节日形成的前提；炮仗、烟火代替爆竹必须以火药的发明为先决条件；牛郎、织女反映出的那种一夫一妻一头牛式的小农经济家庭模式只能出现在封建社会，而不可能出现在奴隶社会；没有隋唐封建经济的繁荣，也就不会出现各种规模盛大的节日活动场面，这些道理都显而易见。但是，由此我们也可以窥知中国古代节日风俗中包含着博大精深的文化内涵。可以说中国节日风俗的形成过程，也是中国历史文化的积淀过程。

中国节日风俗的发展往往受到统治阶级的干预，这是一些风俗变异的原因，也是中国节俗的一个发展特点。因为每个时代的社会风俗都是人们生活方式和价值观念的反映，所以中国历代统治者都十分重视通过风俗了解社会，考察民情，以加强自己的统治。每一个时代的大政治家无不注意通过“移风易俗”来稳固其统治。有些节日风俗又是统治者所倡导起来的，比如元宵节放灯始于汉武帝，浴佛节始倡于梁武帝。这种统治者的禁止与倡导就导致了一些风俗的改变，所以《汉书·地理志》解释风俗时云：“随君上之情欲，故谓之俗。”这是对风俗的直接干预。另一方面就是封建统治者在文化上提倡礼乐教化，并将其作为思想统治工具，这也对节日风俗变化起到了潜移默化的作用。这实质上是历史文化在节日风俗中积淀的另一种形式。

悠久的历史文化积淀在节日风俗中，所以通过节日风俗也可反映出它所包含的文化要素。中国节日风俗被打上鲜明的农业文化特色，节日本身就反映出农业社会的生活规律。我国自古以农为本，以农立国。我们的祖先在长期的农业生产中，怀着强烈的求知欲和宏伟的气魄，不知疲倦地探索着季节变化和气候变化的规律性。许多节日本身就反映了季节和气候的变化。由于人们对土地丰收寄予很大的愿望，所以产生出许多祈祷丰收的仪式，并逐步演变成节日风俗。以后在这众多的节日中，以不同的庆祝方式和纪念仪式来调剂生活，增加乐趣。像“行春之仪”、“祭土牛”祭土地神的“社日”，无不具有农业社会的特殊风采，反映出古代农业社会的劳动人民渴望丰收、追求幸福生活的情趣。

中国节日风俗又集中反映了传统的伦理观念和道德观念。中国古代对祭祖祭天十分重视，皇帝有祖庙、社稷坛、天坛、地坛、先农坛等；而老百姓家中皆供有“天地君师亲”牌位。“慎终追远”、“尊神事鬼”，正是中国人民的传统观念。因此，每个节日便以虔诚之心祭祀祖先，以表达对祖先的孝思与怀念。在年节，中堂供起列祖列宗的牌位，一束香火腾起袅袅青烟，焚几张表纸燃起对祖宗的思念，以示香火不断。摆上供品，叩几个头以示孝敬。寒食、清明要到墓前祭扫，冬至还要焚烧纸糊的衣裳，为祖宗的魂灵御寒。对祖宗魂灵如此尊敬，对下一代则又寄予厚望与祝福。新年喝椒柏酒要从年幼者喝起，端午辟邪祛恶首先给儿童们涂雄黄、佩艾囊、戴艾虎。七夕、重阳在家打扮未嫁的小女儿，出嫁者也被接回家过节，深沉的父母慈爱在节日里表现得尤为突出。至于节日的娱乐活动，儿女们更是当先尽情欢乐。家庭中人与人之间，每逢节日，讲究团圆。尤其是元宵节、中秋节，天上月圆，地上家庭团圆，使节日过得圆满。所以古代人如果远在异乡，就必然要“每逢佳节倍思亲”，向往着全家团聚，共享天伦之乐。

讲究礼仪、礼俗与风俗紧密结合，是中国节日风俗的另一个特点。对待死者事死如生之礼，在节日祭祖中就得到完美体现。像清明祭扫本是民间风俗，到唐代玄宗时就列入礼典，变成礼俗。早期的许多节日风俗就被载入儒家的经典。《礼记》中有些风俗变化过程也是不断向礼仪形式转变的。先秦时陪葬品皆是生前使用的器物，钱币也是流通的实用钱币。可是从汉代起就出现了榆荚钱，作为陪葬冥器，唐宋时又用楮宝纸锭。尽管明知“旷野纸钱蝴蝶飞，一文不曾到黄泉”，但这是礼仪所需，并不能完全解释为迷信观念。家庭的节日生活尤其重视序尊卑父子之礼，列夫妇长幼之别，在祭祖时要以大宗嫡长子长孙为先，其他按顺序排列。这既有尊长爱幼的感情色彩，也掺有封建家庭等级礼制观念。节日也是亲属互访、朋友互拜的“礼尚往来”之日。重阳送花糕，中秋赠月饼，元宵提花灯，端午馈粽子、豆糕皆为常礼。不仅亲属乡邻互相赠送，朋友之间也要赠送。尤其拜年，同宗拜祖，晚辈拜长辈，朋友互拜，也少不了面点及各类珍贵食品。你来我往，年复一年，循环不已。这一方面是亲戚、朋友相互增进感情的纽带，另一方面也是“礼尚往来”的礼仪需要，尤其是在官场上，拜节之礼既不能缺，又无真实的感情可言，于是便流于庸俗的应酬。中国号称古老文明的礼仪之邦，但这种“礼”有双重的含义。其中确有可取的一面，但无可否认，也有腐朽的封建等级观念、虚伪的人际关系蕴于其中。

中国节日风俗活动也反映了古代人的灵魂崇拜与宗教心理。世界上任何一个民族在形成、发展中都有宗教迷信相伴随。宗教迷信是人类历史上出现的必然的、共同的现象，宗教迷信都是先民以幼稚的主观幻想去认识自然和社会，并盲目信仰自然力而形成的。随着阶级社会的到来，又被统治阶级利用、渲染，作为思想统治的工具。原始的自然崇拜、灵魂崇拜完全转化为拜天敬神的宗教意识，迷信超自然的神秘力量，便渗入到人们生活的各个领域。正如前面所述，大多数节日本来就起源于原始崇拜与宗教迷信，所以在传承下来的节日风俗中，就大量充斥着迷信活动。如巫术、禁忌、敬神、祓禊、驱邪及祈求降赐吉祥等，几乎每个节日中都有此类活动。至于一些宗教节日更不用谈，本身就是宗教仪式的产物，迷信色彩更为浓厚。尽管在历史发展中，许多节日风俗的迷信活动已被淡化或淘汰，但是仍有不少流传至今。如果说节日风俗有很多可以继承的精神文化精英，那么也有不少必须抛弃的糟粕，而迷信活动则是最腐朽的糟粕。

但是，谈到宗教迷信还必须将它和神话区别开来。神话是人类历史童年期的创造物，保留了相当丰富的原始社会以及初期阶级社会的流韵遗风，是了解那个时代人们生产、生活状况的宝贵资料，尽管这是一种凹面镜似的显示，但它却表现了先民探索自然、对理想幸福生活的执著追求，是人类文化的发轫，成为多门学科的源头。有些节俗，倘若追踪它的源头，自然要上溯到神话之中。如月宫的神话传说与中秋赏月风俗、牛郎织女的神话与七夕乞巧风俗都密切相关。这些神话故事给节日生活增添了几分浪漫色彩。

中国节日风俗具有相对的稳定性、传承性，传承中有变异，变异中有发展。传承与变异相统一是中国节日风俗的又一显著特点。一般说来，节日风俗大都具有一定的稳定性，往往一种节日风俗的产生，与民族心理特性存在着内在的必然联系，所以年年沿袭、代代相传，很难取缔。我国民间流行的节日都是从远古传承下来的，至今仍为人们所共同遵守。许多节日风俗如重阳登高、元宵花灯、龙舟竞渡等都有几千年的历史，现在仍具有强大的生命力，也反映出中华民族是一个历史悠久的民族，一个富有生命活力的民族。

但是，稳定的传承性仅是节日风俗的一个方面，另一方面是它又在不停地变异。没有变异就没有发展，历史在进步，社会在发展，人类生活不断更新，节日风俗也不断被注入新的内容。节日风俗是随着时代的进步、生产力的发展、科学技术的发明、生产方式的转变而变异的；政治因素、文化因素、宗教因素也可使某些节日风俗发生变异。节日风俗中积极的、向上的因素总是占优势地位，并且不断被发扬光大，而一些陈规陋习总是不断地被历史淘汰。变异方式有的是被利用传承形式赋予新的意义及内容；有些是保留合理内核，改变旧有形式；有的风俗活动则被全部淘汰；有的是被部分淘汰或扬弃。总之，节日风俗的稳定性是相对的，可变性是绝对的。比如上巳节，在汉代以前是属于消灾辟邪的祓禊活动，而魏晋以后变成曲水流觞的郊游活动；汉代祭神的元宵灯火演变成元宵赏灯的娱乐；起源于龙图腾崇拜的龙舟竞渡被后世赋予纪念爱国主义者屈原的内容。而有些则只是形式上的改变，如门神从神荼、郁垒到钟馗、秦琼、尉迟敬德，虽然几经易人，但职守未变。

中国节日风俗既具强烈的内聚力，又具广泛的包容性。中国节日风俗的内聚力是由中华民族源远流长的悠久历史所决定的，中国节日风俗在几千年的历史长河中稳定发展，形成独特的民族特征。这些节日无论是官方还是民间，无论是达官显贵、文人雅士还是乡村僻野的庶民百姓，无不同日而庆。所以节日风俗像一剂强力的黏合剂黏合着中华民族。中华民族侨居海外的同胞，无论在欧洲、美洲，还在是日本、东南亚，每逢传统节日，他们就会想到自己是炎黄子孙，而无限向往祖国。这种节日风俗的内聚力也是中国传统文化的内聚力和亲和力的一种表现。

另一方面，中国节日风俗又具有广泛的包容性和融合性。许多节日风俗活动都有跨地区、跨民族的共同特征。中国是一个多民族的国家，在民族发展融合的过程中，各民族的节日风俗也互相渗透、影响、吸收、融合。以汉民族为主的主要传统节日，如年节、清明、端午、七夕、中秋等在古代各民族中普遍流行。一些群众喜闻乐见的节日风俗活动诸如竞渡、蹴鞠、打秋千等，事实上已成为多民族共同的文化财富。如打秋千原本是山戎之俗，射柳原本是契丹、女真之风，后来都融合在节日风俗之中。当然汉民族的先进风俗文化对少数民族产生的影响更大，如元宵张灯先后被辽金元各国所接受。当然节日风俗的融合是伴随着民族融合的进程而发展的，主要分三个阶段：一是战国开始到秦汉时完成，二是魏晋南北朝开始到隋唐统一完成，三是宋辽金元风俗的渗透直到明清完成。节日风俗的融合不仅是各民族的风俗融合，同时也是各地区风俗随着经济文化交流而融合的过程。这种广泛的融合、渗透的发展过程，使中国传统的节日风俗具有了广泛的包容性，因此而产生了强大的内聚力。

当然，以上所述主要是古代节日风俗所具有的共性。除共性之外还有差异。中国土地广袤、幅员辽阔，而各地区因自然环境、生产活动、经济生活不同，因此，节日风俗在各地有一定的差异，从而形成了节俗的地域性。各个历史阶段的节日风俗又受诸如生产力、科学技术、社会政治、经济、军事及生活水平等一定的历史条件的限制和影响，从而使节日风俗又具有鲜明的时代性。中国是一个多民族的国家，各个民族各有自己独特的民族习惯、宗教信仰、生产生活方式，各民族在长期生活中形成了自己独有的节日风俗活动，所以节日风俗又具有民族性。这些特点都显而易见。正因有着这些差异，所以才有融合，但融合是相对的、部分的，不可能一次性地完全融合。所以这种差异是必然存在的。本书是对传统的节日风俗发展的一般规律的探讨，所以重点在于节日风俗的共性及发展变化特点的论述。

从古流传至今的节日风俗，总的来说是一份珍贵的精神文化遗产。但是，由于时代的局限性，必然也包含着许多封建毒素、迷信糟粕，这就需要我们进行批判的继承。一方面利用节日风俗中所包含的博大精深的古代文化精华进行爱国主义教育，激发炎黄子孙的民族热情和爱国热情，团结全中华民族包括海外侨胞，为振兴中华而奋斗；另一方面批判封建糟粕，提倡移风易俗，以促进社会主义精神文明的建设。

二 除夕与元旦

百节年为首。在中华民族绚丽多彩的众多节日中，最隆重、最富有民族特色的节日莫过于新年了。追本溯源，新年有数千年的悠久历史，影响遍及祖国四面八方，以至海外华侨和华人。可以说天下华人家家要过年，人人要过年。在中国历史上，每逢年节，上自帝王宫廷，下至荒村鄙野，都要进行庆祝。在人们的吃喝、穿戴、娱乐、居住、用品等各个方面都有所体现。每一朵生活的浪花，无不浸透着节日欢庆的气氛。世世代代勤劳智慧的中华儿女，给自己最盛大的节日挂满了色彩缤纷的民族传统的花环。下面还是让我们沿着历史的长河，一代一代地领略中国古代年节——除夕与元旦的美好风俗吧！

1 年节的起源与定型

年，是时间概念，也是计时单位。年节无疑起源于计时单位的年。人类在漫长的蒙昧时期，过着“山中无历日，寒暑不知年”的生活。后来由于社会进化和生活的需要，才逐渐从实践中总结出测定时间的方法。

像古埃及人根据尼罗河的潮涨潮落来判断时间、确定农业栽培季节一样，我们的祖先早在以采集和渔猎为生的旧石器时代，就对寒来暑往的变化、月亮的圆缺、生物生长和成熟的季节，逐渐有了一定的认识。到了新石器时代，中国步入了原始农业社会，人们为了掌握耕作的季节，不误农时，在长期的生产实践中根据星象循环的规律，发现了春夏秋冬四季交替的周期，这对于农作物的种植、管理和收获起了重要的作用，同时也结束了人们盲目度日的状况，开始有计划地安排自己的生活了。

根据文献记载，我国在新石器时代晚期已开始观测天象，确定方位时间。《史记·历书》记载：颛顼时设“火正”官，帝尧时又设立羲和之官，以“明时正度”指导农业生产。所以“阴阳调、风雨节，茂气至，民无夭疫”。这种以观测天象来确定四时季节的方式叫“观象授时”。夏代根据北斗斗柄的指向和若干恒星出没来定时月，并用天干纪年，商代已用干支纪日，在殷墟甲骨卜辞中还有十二个月名。但是，“年”的名称出现却比较晚。据《尔雅》记载，尧舜时称年曰“载”，夏代称年为“岁”，商代改“岁”称“祀”，周代才称之为“年”［后来唐玄宗天宝三年（744 年）也曾改“年”为“载”，唐肃宗乾元元年（758 年），又改“载”为“年”］。在古代中国是一个以农业发达而著称于世的国度，据《史记·周本纪》记载：周人从他们的远祖弃之时，就“好种树麻菽”，弃被人民推崇为农业的始祖，号称“后稷”。到公刘之时，仍然“务耕种、行地宜”，所以，周民族是一个十分重视农业的民族。因此，先民对于“年”的时间概念最初就是根据农作物生长周期循环而逐步形成的。在《说文解字》中，最早对年的解释是“谷熟也”。《穀梁传》记载：“五谷皆熟为有年，五谷皆大熟为大有年。”不难理解，“有年”指的是农业有收成；“大有年”指的是农业大丰收。所以，在西周初年就出现了一年一度欢庆农业丰收的活动。

西周时行周正，即以建子为岁首（周历的正月相当于夏历的十一月）。同时在豳国又行豳历，豳历的岁终是十月，即周历的十二月；豳历的岁首为一之日，即周历的正月，夏历的十一月。在《诗经·豳风·七月》中，就记载了西周时期新旧岁交替时的风俗活动。一般庶民到年底十月，便结束了田野里的农活，在家里用火烘暖房子，用烟熏走老鼠，并把阴面北向的窗户堵起来，以避风寒，一家男女老幼，团聚在一起准备过新年。“八月剥枣，十月获稻，为此春酒，以介眉寿”。他们在新年到来之际，拿出用枣、稻酿造的美味醪酒，喝了使老人健康长寿。“朋酒斯飨，曰杀羔羊，跻彼公堂，称彼兕觥，万寿无疆！”为庆祝一年的收获和新的一年的到来，人们捧上两樽清香美酒，抬着宰杀的羔羊，聚在一起，高举牛角杯，同声祝贺，万寿无疆。这场面是何等热烈。尽管贫困的庶人在严寒的冬季采吃苦菜和臭椿叶，可是在新春与旧年交替之时，这种庆祝活动还是必不可少的。

在酬神大会上，另有一番景象。粮谷已经入仓，获得了大丰收，为了酬谢神明的保佑，祭祀列祖列宗，用新米做的饭、新谷酿的酒，求神降福，求列祖列宗保佑来年再获得丰收。在《诗经·周颂》中保留着一首秋收后祭祀祖先时所唱的乐歌——《丰年》：今年粮食收获多么多呀！粮仓是那么高大，用丰收的五谷酿成酒和醴来祭祀先祖先妣和神灵，让神灵的恩泽遍施人间！

当然，周代这种年终庆祝农业丰收和祭祀祖先的活动，还不能算作严格意义上的节日，它并未固定在某一天进行。但是，它已经有了基本规律，大约一年一次，在新旧交替的时候进行，这些庆祝活动正是年节的雏形，后来的年节风俗正是从这里萌芽并逐步发展起来的。

年节形成于汉代，这不是没有原因的。春秋战国之时，中国四分五裂，数百年间，战乱不息，虽有一些小康之国，在丰收之年，进行庆贺，却不能演变为普遍流行的风俗。秦代在一统天下的短短 15 年中，徭役繁重，赋税苛酷，使当时“男子疾耕不足粮饷，女子纺绩不足于帷幕。百姓靡敝，孤寡老弱不能相养，道死者相望”（《汉书·主父偃传》），当此之时，怎能形成万家欢乐、歌舞升平的年节风俗？到了汉代初年，由于“休养生息”政策的推行，社会经济日趋繁荣，社会秩序比较稳定，人们的生活日益丰富，于是，形成年节风俗活动的历史条件成熟了。

历法的定型也是年节风俗形成的一个重要因素。

我国古代以北斗星斗柄旋转所指的方位来确定月份。然而年的时间概念，却因时代的不同而异。每一次改朝换代，帝王易姓，天子为了表示“受命于天”，就要“改正朔，易服色”。把月份的次序改一次，历代改历法后将每年的第一个月称“正月”，一年十二个月依次变化。夏代的历法建寅，以孟春之月（即现在阴历的正月）为岁首；商代建丑，以季冬之月（即现在阴历的十二月）为正月；周代建子，以仲冬之月（即现在阴历的十一月）为岁首；秦代改用颛顼历，以建亥孟冬之月（今阴历的十月）为岁首；汉初仍沿用秦代颛顼历，以今之九月为一年之终，以十月为一年之始。因而汉初的除夕之夜就是今天的阴历九月二十九日，元旦则是十月一日。如汉高祖七年（公元前 200 年），长乐宫落成，适逢新年，朝内文武大臣首次行朝岁之礼，就是在十月一日进行的。

汉武帝时，由于以前的屡次改历，历法很不准确，出现“朔晦月见，弦满望高”（《汉书·律历志》）的错乱现象，武帝命司马迁、落下闳、邓平等人改《颛顼历》而另作《太初历》，仍以夏历的正月为岁首（所以至今民间仍把阴历称为“夏历”），并把二十四节气定入历法。后代对历法虽作过多次修订，但是基本都是以《太初历》为蓝本，以夏历的孟春正月为岁首，从此以后（除王莽新朝和魏明帝时曾一度改用殷正，武则天和唐肃宗时曾一度改用周正，为时都很短暂），一直沿用了两千多年，直到清末。随着年历的确定，每年的年节风俗活动也就随着一年一度的固定日子沿袭下来。

秦汉时代，"阴阳五行"、"五德终始"说，广泛流行，方术之士遍天下，时讲灾异，时讲祥瑞，巫术风行。这种浓重的迷信色彩必然渗透到帝王宫廷和人民的生活方式中去。许多风俗活动本来就起源于迷信，而维系新旧两年更替的年节，也必然染上迷信色彩。于是，本来在周代就产生的年终庆丰收和祭祀祖宗的习俗，又同驱妖除怪的巫术联系起来，随之而产生了一系列的风俗活动。尽管汉代年节处于草创期，但是，汉代的年节从时间顺序上已和现代差不多，从除夕到元旦，围绕着这两天，出现了一系列饶有风趣的活动。

首先是立神荼、郁垒于门户。

除夕是一年最后的一天，为"月穷岁尽之日"，所以又叫陈岁。在年节中，除夕是去旧迎新的时候。汉代人很迷信，尤其惧怕疫疠与恶鬼，在年终到来时一面欢度佳节，喜庆丰年，一面驱疫疠，除恶鬼。所以把这一夜称为除夕。

汉代以为鬼在天地之间，时来时往，与人杂处，飘忽不定，属于"凶恶之类"。当人们重病垂危之际，或临死之时，常常有见到鬼的幻觉。据王充《论衡·订鬼篇》记载：当时人们认为"凶祸之家，或见蜚尸，或见走凶，或见人形，三者皆鬼也。或谓之鬼，或谓之凶，或谓之魅，或谓之魑"。凶鬼魅魑的概念早在中国人的心中形成，在无法抵御灾难、不能科学解释某些自然现象时，就认为是鬼在作祟。于是在除夕之际，首要之事就是防鬼进家，削桃木梗制成神荼、郁垒二人形象，立于门上。中国门神雏形就这样产生了。

汉代人为什么要立神荼、郁垒二人的形象呢？据汉人应劭《风俗通义·祀典》引《黄帝书》说：上古之时，有神仙兄弟二人，一名神荼，一名郁垒，居住于风景秀丽的度朔山下，他们把祸害人间的恶鬼都用苇索捆缚起来，让老虎吃掉。这个传说当时广泛流传于民间。蔡邕《独断》也说，海中有度朔之山，上有桃木，枝叶茂盛，盘根错节，树冠盘曲覆盖达三千余里，在树枝东北有鬼门，是世间万鬼出入的必经之门户，神荼、郁垒居其门，见到害人之鬼，就用苇索捆缚，令虎吃掉。因此汉代人每到除夕，便削桃木成神荼、郁垒二人形象立于门上“以御凶”。同时在门上悬挂苇索，供神荼、郁垒二门神作缚鬼喂虎之用，称之为“悬苇”。张衡在《东京赋》中就写道：“度朔作梗，守以郁垒，神荼副焉，对操索苇。”正是这一风俗的真实写照。这一习俗流传到魏晋南北朝以后，可能因为刻木为人形太麻烦，干脆削成一块桃木板写上神荼、郁垒二人的名字，把这块桃木板挂在门上，称之为“仙木”或“桃符”。桃符各代发展没有一定的形制。陈元靓《岁时广记》引《皇朝岁时杂记》记载：桃符之形制，以长二三尺、宽四五寸的薄木板制成，上画以狻猊白泽之类，下书左神荼、右郁垒，或写春词。当然这种桃符已是很晚的宋代以后的事了。宋代王安石有一首诗《元旦》写道：“爆竹声中一岁除，春风送暖入屠苏，千门万户曈曈日，总把新桃换旧符。”这里的“新桃”和“旧符”，都是指辟鬼袪邪的“桃符”。

再者，举行驱鬼活动仅靠神荼、郁垒两位神仙，只能把厉鬼拒于门外，尚不能把凶鬼疠疫驱除干净。因而，除夕之夜，还要举行一种击鼓驱鬼除瘟疫的舞蹈仪式——逐傩。“逐傩”亦称“傩”或“大傩”，它起源于原始的巫舞。从西周到春秋战国，在民间一直盛行不衰。《论语·乡党》中就有“乡人傩”的记录。“在前岁一日，击鼓驱瘟疫之鬼”。在汉代傩舞不仅流行于民间，而且传入宫廷，成为一种规模盛大、仪式隆重的驱鬼逐疫的仪式。张衡在《东京赋》中就写到“卒岁大傩”，可见当时此舞盛行于京城。

从《后汉书·礼仪志》记载看，汉宫“大傩”活动规模浩大，盛况空前。东汉皇宫要举行这种仪式时，选中黄门子弟十岁以上，十二岁以下者，一百二十人为“侲子”，都戴着大红头帻，穿皂青衣，手持大兆鼓。又有人扮演驱疫辟邪之神“方相氏”作为主舞者，头戴面具，面具上饰有四只金黄色的大眼睛，身披熊皮，手持戈矛和盾牌。这个“方相氏”带领着由十二个人扮演的猛兽，舞傩逐疫于禁宫之中。一边挥舞，一边呼喊，表示驱鬼捉鬼，一百二十个“侲子”在伴舞中高呼助威。这真是一个有声有色、气势磅礴的场面！一幅人神联合同凶鬼恶煞搏斗的画图！不管是大如车轮的变蛇、旱鬼耕父和女魃，还是溺水之精、木石之怪，都要全部扫除。要“使十二神追恶凶，赫女躯、拉女干，节解女肉！抽女肺肠！汝不急去，后者为粮”。假若世界上真有恶鬼，恐怕也会被这赫赫的声势和严厉的且咒吓跑的。

傩舞达到高潮，要反复三遍。朝中大臣、侍中、尚书、御史、谒者、虎贲、羽林郎将等文武官员都要头戴大红巾帻陛卫殿前。舞罢要持火炬，送疫疠凶鬼出端门，门外又有卫士七千人送火炬出宫，司马门外还有五营骑士千余人接送火炬掷于洛水之中，表示将凶鬼恶疫镇压于水底，使他们永远不得翻身！虽说鬼神之事看不见，摸不着，连孔夫子也觉得说不清，可是汉家宫廷这种驱鬼仪式真够红火热闹的。这不能单纯解释为宗教迷信，也反映了征服自然灾害的一种民族心理。当时科学技术落后，人们还不能完全认识“鬼”与“疫疠”的本质，所以，借助于神灵和巫术来消除它们的危害。这种傩舞最早还是起源于民间，后流传入宫廷的。

汉代人除了立神荼、郁垒，行傩活动以外，当元旦来临后还有一系列的活动。

“一夜连两岁，五更分二年”。除夕驱疫逐鬼地忙活一夜，一声金鸡长鸣迎来的就是元旦。在汉代人眼里，新年伊始，是一年当中最重要的佳节良辰。元旦为一岁之首，古人称为“上日”、“元日”、“朔日”、“元正”、“正日”、“正旦”、“正朝”，也有的称为“三元”（岁之元、月之元、日之元）、“三朝”（岁之朝、月之朝、日之朝），后世称为“元旦”。元者始也，旦者晨也。所以元旦成为一个充满喜气、热闹非凡的日子。

当雄鸡高唱之时，人们开始了迎接新年的礼仪活动。汉代人虽然无福聆听火药制成的鞭炮，却在堂阶前用火烧烤竹节，使其噼里啪啦发出巨大的声响。声声爆竹，迎来一轮红日。据《神异经》和《荆楚岁时记》记载：时人放爆竹是为了“辟山臊恶鬼”。山臊恶鬼住在西方一座深山中，有一尺多高，人一旦撞上它，就会生大病。这种鬼最怕爆竹声，所以每逢新年来临时都要放爆竹。爆竹声声震耳，响彻四面八方，既能驱鬼，又为节日增添了不少喜庆气氛。

放完爆竹，家长率妻子去祭祖，然后一家不分尊卑老幼，团聚在一起饮椒柏酒。汉人说，椒是玉衡星的精灵，吃了使人年轻耐老，柏是一种仙药，吃了能免除百病。饮椒柏酒，预祝在新的一年中，人人身体健康。但是，古人饮酒与现代人饮酒时先敬尊者或长者的习俗不同，而是让年龄最少的先饮，然后才是子、妇、曾、孙各上椒柏酒于家长，称觞举寿。饮完椒柏酒还要喝桃汤，桃汤是取桃之叶、枝、茎三者煮沸而成的，据说可以压邪气，制服百鬼。魏晋以后，人们不再服桃汤，而是饮屠苏酒了。对于重伦理道德的中华民族来说，元旦祭祖饮椒柏酒反映出一种节日欢庆的天伦之乐。就是庶民之家，终年劳作于田野，年节也没有口福品尝美味佳肴，但能合家团聚，一杯椒柏酒，一碗桃汤，爱在其中，敬在其中，美好的祝愿在其中，天伦之乐的无穷佳趣尽在其中了。中华民族自古以来是重人情的，每逢佳节尤为突出。当新年来临，用过酒饭以后，人们整好衣冠，走家串户，拜访亲友，互致节日的祝贺。这种风俗叫“拜年”，这又给新年增添了几分乐趣，增进了人们相互间的友谊。

节日也有它的忌讳。在除夕，各地可以杀羊，悬羊头于门，还要“磔鸡”（磔，即肢解而杀），禳除恶气。但一到新年元旦，就绝不能再杀鸡了。《荆楚岁时记》记载：每逢元旦，在纸帖上画一只鸡，贴在门上，把苇索悬在画鸡之上，桃符树立在纸帖两旁，各种鬼都会害怕。鸡变得同门神一样重要。因为当时的人们认为，正月一日为鸡日、二日为狗日、三日为猪目、四日为羊日、五日为牛日、六日为马日、七日为人目。这些家畜、家禽和人们一同步入新年。正月一日既是鸡日，怎能杀鸡呢？至于画鸡于门户之上能辟邪，则是来自当时的一个民间传说。据壬子年《拾遗记》记载：尧王时在位70年，有鸾雏年年来朝，麒麟游于泽薮，鸱枭（一种凶恶的鸟）逃到很远的大沙漠里，有一个叫祗支的国家，进贡了一只重明鸟，眼睛像鸡，鸣声似凤凰，展翅一飞，能搏击猛兽狼虎，使妖魔鬼怪不能为害。后来人们无不洒扫门户，盼重明鸟落在门上，但是这种鸟不再来了。人们刻木或铸金作成这种鸟的样子置于门户之间，魑魅妖鬼都望而却步。于是人们都画鸡置于门上（实际上是由重明鸟的形象演化而来）。但到了魏晋之时，元旦又杀鸡了。魏明帝时大修禳礼，何晏提议更磔鸡作特牲，以供禳礼。再者，魏晋时人们还认为正月土气上升，草木萌动，羊啮百草，鸡啄五谷，所以要杀羊磔鸡以助草木生长。

汉代元旦还要放雀。这项活动开始也是行于民间，放雀的原因据说有两个。据《孔丛子》记载：邯郸人在元旦正朝曾献一雀给赵王，并给雀身上缀以五彩。

赵王大喜。但是有的大臣劝告赵王放雀以示不伤生灵，赵王就放了这只鸟儿。另一个据说是《三齐略记》记载的一个传说，在荥阳有一眢井，项羽追刘邦时，刘邦避于井中，两只斑鸠落在井口上，项羽追来时，有人告诉项羽井中有人，项羽却说："井有人，鸠不集。"刘邦幸免于难。所以在汉代正旦日，要为斑鸠等鸟雀放生。到汉成帝时，还专门下了一道诏令："除正旦杀鸡与雀。"这个民间风俗被皇帝钦定后流行更广了。

东汉都城的元旦佳节，更是车水马龙，如同闹市。元旦黎明时，夜漏未到七刻，各级官吏，上自诸侯、三公九卿，下至四百石的小吏，都要来给皇帝行贺年之礼。有的乘羽盖华披的驷马安车，有的乘高敞舒适的轩车，有的骑高头大马，一个个华衣鲜服，高冠博带，聚会在宫前。皇帝也兴致勃勃地来到德阳殿接受群臣的朝贺。这次朝贺因为是正月正日，所以也叫"正朝"。据《汉官仪》和《后汉书·礼仪志》记载，汉代制度规定：群臣入宫拜年时，公侯要奉送玉璧，俸禄两千石的官员送羔，千石、六百石的官吏送雁，四百石以下的小官送雉，以作拜年之礼。皇帝也要设宴款待群臣。两千石以上的官员都可以上殿，在御前举觞敬酒呼万岁。然后由大司空奉羹，大司农奉饭，奏食举之乐，在锣鼓弦乐声中，君臣饮宴欢度佳节。在元旦君臣宴乐之时，皇帝借机考察臣僚学问，一些阿谀奉承之辈也趁机在皇帝面前吹牛拍马。《后汉书·戴凭传》记载：大经学家戴凭为侍中时，正旦朝贺，皇帝为百官赐宴，并令群臣通经史者互相考辨诘难，如有解释经义不通者，夺席而起，让座给通者。戴凭以他渊博的经学知识连连获胜，连坐50余席，当时京城之人皆称："解经不穷戴侍中"。也有一些刚直不阿之臣，在元旦朝宴上横眉冷对外戚权臣。如侍御史陈翔参加正旦朝贺，外戚梁冀威仪不整，陈翔上奏皇帝："梁冀恃贵不敬，请收案罪！"（《后汉书·陈翔传》）当时梁冀身为大将军，权倾朝野，百官侧目，陈翔敢冒犯梁冀，确实冒着杀头的危险，所以"人人奇之"。可见，在这种节日喜庆酒宴上，也暗隐杀机，舌枪唇剑中，轻则会被迫离席，颜面扫地，重则脑袋搬家，有性命之忧。虽是皇帝赐宴，大概那酒也不好饮吧。

值得一提的是，汉安帝永宁元年（120年）掸国王派遣使者入汉，送来大秦幻术。第二年元旦佳节，在洛阳宫表演了"吐火"、"自肢解"、"易牛马头"等精彩的魔术节目，汉安帝和群臣观赏后大为惊叹！这虽然只限于皇宫之中，但也反映出中西文化交流给汉代元旦佳节带来异域的艺术之花，丰富了我国古代节日的文化生活。

2 年节的发展与变异

魏晋南北朝到隋唐五代，年节风俗又有了进一步的发展。

就驱傩活动来说，虽然上承汉制，但其内容却时有更新。《隋书·礼仪志》记载：南朝齐制每当除夕时，驱傩舞要选10~12岁的侲子240人，其中120人头戴大红巾帻，穿皂衣、执兆鼓；120人穿红袴、执鞭角。人数比汉代增加了一倍。皇帝也穿常服御座观看。如果说南齐时的驱傩形式与汉代大致相同，那么，北魏的驱傩仪式就风格大变了。《魏书·礼志》记载：高宗和平三年（462年），借除夕驱傩仪式来耀兵扬武，让步兵列阵于南，骑兵列阵于北，以击鼓鸣钟来节制两军。步兵分为四队，青衣一队、赤衣一队、黄衣一队、黑衣一队，分持盾牌、长矛、长戟。各队不断变换队形，摆出飞龙腾蛇之势，列出函箱、鱼鳞、四门之阵，阵势变化达十余种，然后两军鸣鼓对垒，众军将士齐声鼓噪，骑兵过来挑战，步兵以进相拒。最后以南边兵败，北边骑军获胜而告结束。除夕驱傩本来是祓除不祥的仪式，可是北周皇帝却把它变成扬威耀武的军事演习。让南军战败，意味着要吞并南朝，给这个节日风俗活动涂上了一层政治色彩。从北周和平三年以后，这种军事演习式的驱傩活动便成为北周每年的常制。

到了唐代，除夕时的傩舞仪式已发展成为傩戏。这是一种“以歌为职、娱神又娱人”的歌舞，朝野都喜闻乐见。《新唐书·礼乐志》及《乐府杂录》都有记载。唐代驱傩虽然仍含有浓厚的宗教色彩，但娱乐的成分大大加强了。宫廷驱傩由太常寺来主持，有音乐伴奏，表演者都经过化妆。表演时不仅朝臣们可以携带家眷观赏，寻常百姓也可以欣赏。在关中，民间傩戏也广泛流行。唐李倬《秦中岁时记》中说："秦中岁时日，傩作鬼神状，二老人各为傩翁傩母。"由此可见，汉魏宫廷数百人的驱傩仪式，在唐代民间也成为三四人演出的歌舞小戏。当时傩戏中的傩翁一般身穿"朱衣画裤"，傩母一般是"青衣画裤"，傩鬼又都是"染面唯白齿"，并有一些基本规范化的舞蹈动作。除驱疾、祓禳外，更多的是为了娱乐，可以即兴表演说唱故事。

唐代长安市民在除夕还有送神风俗。《辇下岁时记》记载：每至年夜，请和尚、道士来看经，并备有水果送神，在灶前贴灶马，把酒糟抹在灶门上叫做"醉司命"，夜里在灶里点一盏灯，称作"照虚耗"。这是一个十分独特的地方风俗。

那时，最受人们重视的是除夕"守岁"的风俗。据周处《风土记》记载："除夕达旦不眠，谓之守岁。"这天晚上，全家欢聚一堂，围炉而坐，叙旧话新，畅谈美好的祝愿，寄希望于新的一年，因而通宵不眠。

除夕夜是全家团圆之夜，辞旧迎新，一夜两年。在历史上甚至连监押的犯人也被放回家与家人团聚过年。如《晋书·曹摅传》记载，曹摅当临淄县令时，除夕到死囚牢视察，忽然起了怜悯之心，对囚犯说："你们不幸沦落到囚犯的地步，新年怎样过是人情所重，难道你们不想回家看看吗?"狱中囚犯齐落泪请求："若能暂归，死无恨也!"曹摅就下令开狱放他们回家过年，节后限时回狱。这些囚犯对曹摅十分感激，虽无人监视，出狱过完年又自动回到狱中。类似的情况记载颇多，像《华阳国志》记载，王长文为江原县令时，也曾放囚犯回家过年，年后全部自动回狱中；《南史·谢方明传》记载，谢方明为晋陵太守时，到岁终除夕，将狱中囚犯“事无轻重、悉放归家”，无一逃者。这些记载是统治阶级为了表示他们“宽仁厚德”的手段，“无一逃者”不近人情，未必可信，但也说明了当时人们多么重视除夕守岁、合家团圆的风俗习惯。

隋唐时，守岁的风俗尤其盛行。帝王宫廷在除夕夜守岁，燃檀香篝火，大摆酒宴，极尽豪华奢侈。据说隋炀帝时，每当除夕夜，在皇宫用沉香、檀木架篝火，常常一夜就要烧去这种珍贵的木料二百多车，燃烧时火焰冲天，高达十余丈，香闻数十里。据《南部新书》记载，唐代也是如此。岁除之日，太常领属官乐吏并护童侲子千人入内宫，晚上于寝殿前进傩舞，同时“燃巨烛、燎沉檀，荧煌如昼”，皇帝、王妃、公主都来观看。唐代宫中守岁，还大摆宴席，侍臣应制作诗，歌舞升平。唐太宗就曾作过《守岁》诗，描绘除夕夜的宫廷生活。诗云：

暮景斜芳殿，年华丽绮宫。
寒辞去冬雪，暖带入春风。
阶馥舒梅素，盘花卷烛红。
共欢新故岁，迎送一宵中。

在那豪华绮丽的宫殿里，年终岁寒，冬雪消融，暖洋洋的宫闱里似乎吹进了和煦的春风，阶下花坛的梅花也吐蕊盛开，清香沁人。花团锦簇的巨大红烛点燃了，君臣欢宴饮酒，喜度良宵，迎新年，辞旧岁，歌舞通宵彻夜。这种时候，正是那些御用文人在皇帝面前应制作诗献赋的好时机。唐代在除夕守岁时，应制诗连篇累牍，汗牛充栋，大部分都是铺排辞藻，歌舞升平，称颂君王圣明，文辞华丽而内容空泛无物。但是有些守岁应制诗，也反映出唐代宫廷除夕守岁活动的盛况。

唐代诗人杜审言《守岁侍宴应制》诗道：

季冬除夜接新年，帝子王孙捧御筵。
宫阙星河低拂树，殿廷灯烛上熏天。
弹弦奏节梅风入，对局探钩柏酒传。
欲向正元歌万寿，暂留欢赏寄春前。

诗中所写的辉煌明烛、宫灯烈火、驱傩除妖、王臣御筵、管弦歌舞、除岁饮酒等，勾勒出一幅生动的宫廷除夕风俗画图。许敬宗的《奉和守岁应制》诗写道："祥鸾歌里转，春燕舞前归。寿爵传三礼，灯枝丽九微。"将除夕守岁时的御宴场面写得更为精彩。

但是，一走出那巍峨宫阙，离开豪华奢侈的长安京城，风光就大不相同了。同是欢度除夕夜，有人欢歌有人愁。元朝文人辛文房《唐才子传》记载：中唐大诗人贾岛，一生仕途失意，穷困潦倒。但却爱诗如中魔，为求佳句，苦苦行吟，所以文学史上有"郊（孟郊）寒岛（贾岛）瘦"之说。每年除夕守岁时，必取一年所作之诗，置于几案上，以酒肉为祭，焚香再拜，口中念念有词地祝祷："此吾终年苦心也。"祭毕举杯痛饮，长歌度岁。贾岛祭诗是珍惜自己心血换来的诗作，对一年得失的总结，寄希望于来年的一种表现。"黄金易得，韶光难留。"每到除夕又过了一岁，对于有理想有抱负的人来说，岂能不感到光阴迫人，老之将至？唐宪宗时宰相裴度削强藩，平割据，为唐王朝累立功勋，他曾于元和十二年（817 年）督师攻破蔡州，擒吴元济，稳定了唐王朝的政局。据《云仙杂记》记载：裴度每到年终守岁，"除夕叹志，迄晓不寝"，一夜坐于炉前，数次添火。诗人张说《钦州守岁》诗也写出了这样的心情：

故岁今宵尽，新年明旦来。
愁心随斗柄，东北望春回。

过去的一年光阴今晚就到头了，明天就是新的一年，怅望碧海云天的北斗七星，心头愁绪也似乎随着斗柄旋转，光阴难留，怎能不令人感到怅然！韦庄在除夕日守岁时也曾赋诗《岁除对王秀才作》，同样感慨地说：

我惜今宵促，君愁玉漏频。
岂知新岁酒，犹作异乡身。
雪向寅前冻，花从子后春。
到明追此会，俱是隔年人！

惜春常怕花开早，惜时唯恐至明朝，所以才有今宵苦短的叹息。玉漏（古代以滴漏来计时）频催的忧愁，因为一到明天，大家都是隔年人，都增长了一岁，有生之年又减少了一年！白居易的感受是："一杯新岁酒，两句故人诗。杨柳初黄日，髭须半白时！"在吟诗饮酒中无可奈何地叹道："蹉跎春气味，彼此老心知。"（《小岁日对酒吟钱湖州所寄诗》）唐代诗歌理论家司空图就由惜时到哀叹悲伤了，他在《岁尽》诗中写道："莫话伤心事，投春满鬓霜。殷勤共尊酒，今岁只残阳！"满鬓霜白的垂暮之年过除夕，说起来令人伤心，在这残阳夕照的晚年，最好不要提起，还是多喝几杯吧！

在家过年，或喜或忧，或乐或愁，或对酒当歌叹人生之短促，或抒怀赋诗盼来年之奋发，都能举家团圆，叙天伦之乐。然而，那些戍守边关的将士，谪贬蛮荒僻地的官吏，潦倒旅途馆驿的游客，此时此刻，望月月未圆，望家家不见，孑然一身，孤灯相伴，岂不凄凉伤感。像善于写金戈铁马之声的边塞诗人高适，在《除夜作》诗中也黯然神伤地写道：

旅馆寒灯独不眠，客心何事转凄然。
故乡今夜思千里，霜鬓明朝又一年！

在守岁活动兴起的同时，南北朝时期又出现了除夕夜乞如愿的风俗。这种风俗起源于一个神话故事。据《荆楚岁时记》引《录异记》及《云仙杂记·如愿》记载，卢陵有一位商贾名叫欧明，他每次经商路过彭泽湖，就取船中的物品供祭湖神——青洪君。积数年如一日，长祭不断，使湖神青洪君大为感动。一天，湖神步上水面问欧明："君有何求？"欧明说："但乞如愿。"本来他的意思是乞求万事如意，可是恰巧湖神有一女侍者名叫如愿。湖神就答应了这个请求，将婢女如愿赐给欧明。欧明带如愿回到家中，高兴得心花怒放。凡是欧明需要什么，如愿都能立即办到，真是如愿以偿。可是有一年元旦，如愿起床晚了些，欧明怒火中烧，痛打了如愿一顿，如愿在气恼中跑到秽土堆中不见了。这时欧明就用手杖敲打秽土堆，口里呼唤着如愿，可如愿还是没有回来。这是一个离奇的神话故事，它寄托了人们追求生活中万事如意的美好愿望。因此，每年除夕或元旦，在祈求新年如意的风俗中，注入了乞如愿的活动。到唐宋时，这种活动尤为盛行。人们用一条细线绳拴系一个锦人，投入粪堆中，然后执杖痛打。不过这种活动有的在除夕夜进行，有的在元旦进行，也有些地区是在正月十五元宵节进行。黄庭坚诗中"正当为公乞如愿，作笺远寄宫亭湖"，所提的正是这一风俗。而范成大的《打灰堆词》描绘得尤为详细：

除夜将阑晓星烂，粪扫堆头打如愿。
杖敲灰起飞扑篱，不嫌灰涴新节衣。
老媪当前再三祝，只要我家长富足。
轻舟作商重船归，大牸引犊鸡哺儿。
野茧可缫麦两岐，短衲换著长衫衣。
当年婢子挽不住，有耳犹能闻我语。
但如吾愿不呼汝，一任汝归彭蠡湖。

词中描绘除夕夜，妇女们顶着一天繁星乞如愿打灰堆的情景是多么富有情趣！杖下的飞灰起舞，连过年的新衣服被污染了都在所不惜。老媪边打灰堆边祝愿，希望长年富足，经商盈利，大母牛多生牛犊，老母鸡多孵出小鸡，野蚕茧多缫丝，麦子长出双穗，短衲衣能换上长衫，这反映出一个小农家庭追求温饱的强烈愿望。虽说婢女如愿当年未能留住，但是她如果有耳朵就能听见这些诚挚的呼唤。后两句尤其写得情真意切，“但如吾愿不呼汝，一任汝归彭蠡湖”。可是，在封建社会的普通农民家庭，虽然只求温饱的要求不高，却很难“如吾愿”，在现实生活中理想不能满足，就到神话传说中去追求，年年除夕打灰堆，乞如愿，如愿难归彭蠡湖，只有飞灰浣新衣了。

当人们欢度过难忘的除夕，元旦便来临了。魏晋到隋唐时代元旦节日风俗比汉代更为隆重。像元日放爆竹、杀羊磔鸡、桃符悬苇，都列入礼仪制度。《晋书·礼志》记载：元旦人们常设苇索、桃梗，并且杀鸡以禳除恶气。节日辟鬼的迷信汉代以后也有所发展。《酉阳杂俎》记载：南朝梁时，每年元旦，皇帝都要赐给群臣三样东西，一是岁旦酒，以示新年祝贺；二是辟恶散，以防疫疠；三是却鬼丸，以挡恶鬼。

用却鬼丸来挡恶鬼，显然是无稽之谈。但是魏晋人却十分相信。关于却鬼丸的来历，还有记载说，有一年元旦，江夏刘次卿走在街上，看见一个书生入市，众鬼纷纷躲避。刘次卿问书生：你有什么法术，能使众鬼惧避？这个书生回答说：我也没有驱鬼之术，只不过出来时，家师给了一粒丸药，装在囊中系在手臂上，可以防恶气而已。刘次卿向书生借了这颗丸药带在臂上，果然所到之处，恶鬼都逃避了。后来民间采用这个方子制却鬼丸。据周处《风土记》和东晋葛洪《抱朴子·炼化篇》记载：却鬼，是以武都雄黄丹散，用蜡制成弹丸状，正月元旦，男左女右戴在胳膊上。

在这种带迷信色彩的风俗活动中，也含有一定的医药科学道理，就是防治疾病的辟恶散。汉代饮椒柏酒，取椒花的芬芳、柏叶的清香来健身益脾。周处《风土记》记载：正月元旦“五薰炼形”，用五辛发五脏之气，就像春月饮酒茹葱，以通五脏一样。服五辛也叫“造五辛盘”，或称之为“五辛散”。在葛洪著作中就记载了这个方剂，用柏子仁、麻仁、细辛、干姜、附子五味药碾成散剂。同时《炼化篇》还记载：正月旦日吞鸡子、赤豆七枚辟瘟气。按照现在的科学观点，正月元旦时，寒尽春来，正是易患流行性感冒的时候。用上述五辛辟恶散有润肺、疏通脏气、发散表汗的功效，对于预防流感时疫无疑具有一定的作用。至于吞鸡子，服赤豆，按中医观点讲，均可清热降火，防治瘟病。葛洪炼丹求仙固然是一种幻想，但就其客观效果来说，他不失为一个杰出的药物学家。他的一些方剂，是采集民间验方，经过长期实践总结出来的，所以具有一定的科学价值，同时也反映了当时的民间风俗。

隋唐时代，天下一统，经济文化繁荣昌盛，元日朝会之俗在帝京自然成了旷代盛举。隋人李孝贞在

《元日早朝》诗中反映出这种盛大隆重的场面："暖暖城霞旦，隐隐禁门开。众灵犊仙府，百神朝帝台。叶会双凫至，梁王驷马来。戈铤映林阙，歌管沸尘埃！"实现了"贞观之治"的唐太宗，在《元旦》诗中宣扬自己："恭已临四极，垂衣驭八荒。霜戟列丹陛，丝竹韵长廊。"他在《正旦临朝》诗中有"百蛮奉遐赆，万国朝未央"、"赫奕俨冠盖，纷纶盛服章。羽旄飞驰道，钟鼓震岩廊"。根据这些诗文来看，唐代元旦不仅要受汉族百官朝贺，而且来自远方的少数民族和附属国的首领及使臣也来奉礼恭贺，以至于驰道冠盖相望，羽旄飞驰；朝堂大殿钟鼓喧天，丝竹震耳。唐太宗诗中对自己难免有溢美之词，但根据当时唐王朝繁荣强盛的情况来看，出现这种盛大场面也是有可能的。

唐代元日朝会不仅沿袭旧俗，而且礼制规定颇严。百官朝贺时稍有失礼之处，轻则罚俸，重则贬官。像中国历史上有名的书法家柳公权就吃过这样的惩罚。据《东观奏记》记载：唐宣宗大中十二年（858 年），正月一日在含元殿朝贺。当时柳公权年已八旬，任太子少师，朝贺时居百官之首。由于含元殿阶高路长，柳公权年迈体衰，走到殿下已力软筋绵，脚腿打战。所以上呼尊号圣敬文思和武光孝皇帝时，柳公权误把"和武光孝"呼成"光武和孝"，仅仅几字之差，就受到御史的弹劾，由于柳公权德高望重，所以只罚俸一年了事。当时有人认为"七十而致仕"是《周礼》旧典，柳公权年 80 而未退休，不遵旧典，自取其辱，为此感到惋惜。

唐代元日和除夕一样，宫廷礼俗与风俗互相渗透。据《唐诗纪事》记载：景龙四年（710 年）正月朔，唐睿宗赐群臣柏叶。这是饮椒柏酒的风俗在宫廷礼俗中的反映。在唐代诗人的元旦应制诗中，就有不少有关元日恩赐柏叶的诗作。像李乂《元日恩赐柏叶应制》诗云：

劲节凌冬劲，芳心待岁芳。
能令人益寿，非止麝含香。

这些柏叶应制诗，内容基本上是称颂柏叶绿叶常青，经霜耐寒，芳香宜人，益寿延年，借以祝贺新年。当然，唐代元旦朝会应制诗在其他方面的内容更多，但主要都是写元旦朝会的规模盛大和隆重，为帝王歌功颂德。如“天涯致重泽，西域献奇珍”（颜师古《奉和正旦临朝》）；“百灵侍轩后，万国会涂山。岂如今睿哲，迈古独光前。声教溢四海，朝宗引百川”（魏徵《奉和正日临朝应诏》）；“德兼三代礼，功包四海图”（岑文本《奉和正日临朝》）……这一类诗虽然内容空洞无物，但也可以看出唐代元旦朝会确实规模空前。在唐太宗的昭陵，陪葬有少数民族将领 15 人；而唐高宗和武则天合葬的乾陵立有 61 个少数民族和外国使臣的石像，背面刻有国名、官名和姓名。可见唐王朝与西南、西北少数民族关系密切，他们都来参加唐高宗的葬礼。武则天为纪念这件大事而刻石立像。

3 宋元明清时代的年节

隋唐以后，年节娱乐活动越来越丰富多彩，过年的时间也延长了。

汉魏至唐初，门悬苇索，以桃木板画神荼、郁垒作门神的风俗，到唐末五代时就变为以钟馗作门神。据《唐逸史》及沈括《补笔谈》记载：开元年间唐玄宗因疾病卧榻月余，忽然一夕（《唐逸史》作“昼卧”）梦见一大一小两鬼，小鬼身穿绛色衣，牛犊鼻，赤跣一足，另一足拖着破鞋，来盗窃杨贵妃的紫香囊和玄宗皇帝的玉笛，玄宗绕殿奔逃。这时头上戴帽、身着蓝裳、袒露一臂的大鬼，上前捉住小鬼，刳目而食之。唐玄宗惊问道：“你是谁?”大鬼回答：“臣钟馗，即武举不捷之士也，誓与陛下扫除天下之妖孽。”唐玄宗梦中一惊，醒后觉得病好了。于是召当时著名画家吴道子，告诉他梦中所见形象。吴道子不愧为一代画坛大师，听完挥洒丹青，一时便画了出来。唐玄宗见画大悦，给吴道子犒赏百金，并诏告天下说：“灵祇应梦，厥疾全瘳。烈士除妖，实须称奖。因图异状，颁显有司。岁暮驱除，可宜偏识。以祛邪魅，兼靖妖氛。”

沈括在《补笔谈》中记载：北宋皇祐年间(1049~1054)，在金陵上元县（今南京江宁县）发掘一冢，是南朝刘宋时征西大将军宗悫之母郑夫人的墓。郑夫人乃是汉大司农郑众之女（此处年代应有误，沈括原著如此），宗悫有妹名钟馗。他考出后魏时有李钟馗，隋将中有乔钟馗、杨钟馗。因而认为“钟馗之名从来远也，非起于开元之时，开元之时始有此画耳”。清代顾禄《清嘉录》中引《杨慎外集》云：“钟馗即终葵，古人多以终葵为名，其后误为钟馗。俗画一神像贴于门，手执椎以击鬼。好怪者遂以相传钟馗能啖鬼，又作钟馗图，言钟馗为开元进士，尤为无稽。”他认为钟馗之名由来已久，只不过是开元年间才有画像而已。可是，若按《唐逸史》所载唐玄宗批吴道子画钟馗像“因图异状，颁显有司”的记载，则似乎开元之前已有画像，只不过图形各异而已。唐代张说有《谢赐钟馗画表》，刘禹锡有《代杜相公及李中丞谢赐钟馗历日表》等文，可见唐代画钟馗像颇多。《五代史·吴越世家》记载：“岁除，画工献钟馗击鬼图。”沈括《补笔谈》记载：“北宋神宗熙宁五年（1072 年），上令画工模拓吴道子钟馗像镌版。除夜，遣内供奉官梁楷就东西府给赐。”可见五代至北宋时，在年节除夕夜，贴钟馗像为门神已成习俗。所以吴自牧《梦粱录》也记载除夕夜“净庭户，换门神，挂钟馗，钉桃符”。《东京梦华录》记载，不仅门上挂钟馗像，而且宫廷除夕大傩仪式中还有装扮钟馗及其小妹的。宋代画钟馗像时，还在旁边画一女子，说是钟馗的小妹。明代又有了《钟馗嫁妹图》，清代还出现了钟馗嫁妹的戏剧。李福有《钟馗图》诗描写钟馗形象云：

面目狰狞胆气粗，榴红蒲碧座悬图。

仗君扫荡幺么技，免使人间鬼画符。

卢毓嵩诗中描绘钟馗形象：

榴花吐焰菖蒲碧，画图一幅生虚白。
绿袍乌帽吉莫靴，知是终南山里客。
眼如点漆发如虬，唇如猩红髯如戟。
看澈人间索索徙，不食烟露食鬼伯。

大红色如榴花吐艳，大绿色如菖蒲澄碧，画家艺术加工出来的钟馗像，身着绿袍，头戴乌帽，脚蹬吉莫靴；眼若点漆，乱发如虬，猩红嘴唇，长髯如戟，好一幅恶森森吃鬼的凶相！但是，把钟馗当门神不久，他就登堂入室，挂进了中堂。也许是钟馗在人们心目中的地位升高了，不便再劳驾他看守门户；也许是他只是一人，不能守门之两边。总之，钟馗的门神位到后来又让位给秦琼与尉迟恭。

秦琼字叔宝，尉迟恭字敬德。他们是唐太宗时的两员名将，凌烟阁上的开国功臣，秦叔宝被封为胡壮公，尉迟敬德被封为鄂公。据《三教搜神大全》记载：唐太宗李世民患病不愈，寝殿门外晚上鬼魅呼号，抛砖甩瓦，使其夜不能寐。唐太宗将此事告知群臣，秦叔宝上殿奏道：臣愿与敬德戎装站在门外来保护陛下。唐太宗同意了，这一夜果然没有受到惊扰。太宗命画工画二人图像，挂在宫门左右，以祛邪祟。后来渐渐传到民间，取代钟馗，作了门神。直到近现代，民间仍贴二人像于门户之上。家雪亭《土风录》认为："俗多用秦叔宝、尉迟敬德，盖本唐小说也。"这个看法颇有一定道理，宋明之际，话本小说兴起，多取材于唐代历史素材。民间多以秦叔宝、尉迟敬德作门神也就很自然了。宋代赵与旹的《宾退录》记载："除夕，用镇殿将军二人甲胄装门神。"按道家解释：左边称作"门丞"，右边称为"户尉"。秦叔宝、尉迟敬德生前为唐代开国功臣，被封为国公，死后却屈居"门丞"、"户尉"，大约是他们所始料未及的吧。陆伟堂咏《门神诗》写道：

魁壮画图传，相逢又一年。
悬桃分度索，辅李识凌烟。
要藉当关壮，能为辟恶先。
还赢钟进士，重五暂乘权。

郭頫伽《淮阴岁除·咏门神》诗写道：

金碧家家灿，迁除岁岁忙。
侯封沿汉号，剑佩俨唐装。

这两首诗都生动地反映了当时民间除夕挂门神的风俗。据袁褧《枫窗小牍》记载："靖康（宋徽、钦二宗年号）以前，汴中门神多番样，戴虎头盔，王公之门，多以浑金饰之。"后世多画朝官、将军像。但是，以秦叔宝、尉迟敬德作门神者大多是平民百姓，而"搢绅之族，多不用之"（吴曼云《江乡节物诗序》）。据陆启浤

《北京岁华记》记载："元旦，贵戚家悬神荼、郁垒。"可见王公贵族选门神仍沿古风，只是民间用秦叔宝与尉迟敬德作门神。吴曼云《江乡节物诗》咏门神道：

盱目掀髯惯避邪，除书新换记年华。
笑君只是春来燕，尽入寻常百姓家。

不论贵族所贴的郁垒、神荼，还是民间所贴的秦叔宝、尉迟敬德，都是每年一换，而且换门神十分讲究。门神或彩画五色，或印彩于纸，碧绿丹青，色彩斑斓。换门神还必须在除夕夜，两年相交的亥子时进行。根据各地府、县志记载，这个风俗大致相同。

由于门神风俗的影响，加之文化发展，印刷术兴起，唐末宋初之时，又出现了年画与春联的新风俗。

年画与门神画关系极为密切。神荼、郁垒、钟馗、秦叔宝、尉迟敬德几位门神本来带有驱除鬼魅、避凶就吉的迷信色彩。但汉魏之时，雕刻绘画神荼、郁垒的形象不易，只好写两人的名字。唐宋时虽然画起来较为麻烦，但唐代出现了雕版印刷术，宋代印刷术已相当普及，绘画技术与印刷术已能融合发展，相得益彰。印起来却很容易。北宋神宗年间已有印钟馗画像的记载。印出来的门神不仅可供避凶驱邪，而且有装饰观赏价值，给春天增添了喜庆之气。

在宋代又由印门神而逐步演化出各种木版年画。木版年画分为着色、套色两种。现存最早的木刻年画是宋版的《隋朝窈窕呈倾国之芳容》，画着王昭君、赵飞燕、班姬、绿珠，习惯上谓之《四美图》。到了明末清初，我国已出现了以三大派为主的民间木刻年画，即天津的“杨柳青”、苏州的“桃花坞”和山东潍县的年画，在中国版画史上享有重要地位。传统年画多为木刻水印，线条单纯，色彩鲜明，画面热闹，多以历史人物、花鸟风景、五谷六畜为题材。到了清末及近现代，年画花样翻新，种类繁多。从风格特点来讲，天津“杨柳青”年画纤巧细腻，典雅优美；山东潍县和苏州“桃花坞”的年画以粗壮朴实、着色浓重、画面热烈见长；北京及西北一带的年画又讲究粗犷豪放，色彩对比强烈；漳州年画黑底粉印，绚烂凝重，别具一格。此外，四川、广西、上海等地的年画都各具特色，五彩缤纷。总之，我国传统的年画艺术深得民间喜爱，也颇受国际友人的赞赏，新中国成立后又有了很大的发展。

年画兴起与贴门神之俗有关系，春联倘若探幽溯源，也是从门神开始的。

春联，又名对联、门对、门贴。最初，人们在桃符板上写门神、画门神、印门神，后来桃符板就逐渐失去了原来的意义。人们在上面写一些吉利的词句。据黄休复《茅亭客话》记载：五代时后蜀每到除岁，诸宫门各给桃符一对，一般都是上题“元、亨、利、贞”四个字。当时蜀太子长于文词，“善书札”，在本宫策勋府桃符上题了“天垂余庆，地接长春”八个字，“以为词翰之美”。一般认为这是中国最早的一副对联。但是，关于中国最早的春联记载却很不一致，像《蜀梼杌》又说孟昶自题桃符板云：“新年纳余庆，嘉节号长春。”不论怎样，春联起源于五代时的后蜀，这一点是没有多少争议的。但“余庆”二字含义不吉利，历来被人们认为是亡国之音。

宋以来，除岁题写春联逐步发展成流行一时的风尚。《宋史·五行志》记载：宋代每当除夕日，“命翰林为词题桃符，正点，置寝门左右”。《梦粱录》也记载除夕夜“钉桃符，换春牌”，这种桃符春牌正是春联的原始形式。宋代周密《癸辛杂识》记载：黄谦之题写桃符的联语为“宜人新年怎生呵，百事大吉那般者”。到了明清时皇帝也常亲笔题写春联。清人陈尚古《簪云楼杂说》载：明太祖朱元璋每当除夕便下令公卿士庶之家都贴对联，他还兴致颇高地微服出行，逐门观看春联以为乐趣。有一次他微服出外，偶见一家独无春联，经询问，才知道是阉猪之户，尚未请人书写春联，这时他诗兴大发，挥笔题道：“双手劈开生死路，一刀割断是非根。”然后投笔而去。第二天他又去这家观看，却不见大门上悬挂对联。询问原因，主人说：“知是御书，高悬中堂，燃香祝，为岁首之瑞。”太祖大喜，赏赐30两银子，使其改行。从对联的文学性来讲，朱元璋题写的这副春联对仗工整、平仄协调，符合主人的职业，含义也高雅不俗。但陈云瞻《簪花楼杂话》认为春联之设起源于明太祖，看来不大符合实际，只能说在明太祖时，春联已较为普及了。

清代的春联已发展出多种形式，它不仅盛行于春节，而且在婚丧嫁娶、庆颂哀挽、社会交际、记事抒怀、国家大典、盛大宴会上都应用这种形式。

由于写对联要上下联字数相等，意义相近、相关或相反，平仄和谐入律，颇不容易，所以一般文人都藏有密本，以留不时之用。但直取现成诗句就简单多了，不用苦思冥想，除过春节挂的宜春方胜之类的单字，对联直接截取唐诗，这也反映了当时春联的一种风尚。今日春联如百花盛开，佳作名联，层出不穷，已成为文学园地中一束独特的奇葩，也是丰富人们文化生活的工具。

和春联相关的就是春节时贴宜春方胜字。剪红绿纸为方块，大者如斗，正方径尺，小者如升，边方数寸，上书“宜春”、“吉利”、“财”、“喜”、“贞”、“吉”等吉祥字眼。这种风俗追本溯源也很久远，秦代离宫就有“宜春宫”、“宜春苑”，但没有材料证明贴宜春方胜。但唐宋以后，确已盛行。像韦庄就有诗云：“殷勤为作宜春曲，题向花笺贴绣楣。”但一般都在立春日祝颂新春时贴，后来也在春节时贴。像王沂公《皇帝阁立春帖子》诗句有：“年年金殿里，宝字贴宜春。”《北京岁华记》就记载除夕贴宜春字。据《清嘉录》记载：乡村塾师与学书儿在春节都学书以卖，“多写千金、百顺、宜春、迪吉、一财、二喜，及家声世泽等语”。周宗泰《姑苏竹枝词》诗中反映了这种风俗：

学书儿童弄笔勤，春联副副卖斯文。
人来问价增三倍，不使鹅群笼右军。

诗中“不使鹅群笼右军”句，用了王羲之书换白鹅的典故。这种方胜字也被人归入春联一类。现代此风尤盛，例如写“招财进宝”、“新年大吉”等语。方胜一般贴在门楣、谷囤、米缸上面。“欢乐图”则又是一种形式，主要盛行于江浙吴越一带，北方亦有少数地区贴。剪纸或画方胜为人物故事，取意欢乐，或合家欢乐，称欢乐图。有的欢乐图上还贴福、禄、寿、禧等字，也有旁边再写小对联，称“欢乐对”者。

值得一提的是，唐代普及民间的除夕驱傩仪式，到了宋代以后发展得更加形式多样。孟元老《东京梦华录》与吴自牧《梦粱录》记载：宋代每至除日，禁宫中呈大傩仪，与唐代已不太相同。皇城的亲事官及诸班值卫士都戴假面具，穿绣花色衣，手执金枪龙旗、画水刀剑、五色龙凤、五色旗帜等。再从教坊优伶中选那些身材魁伟的，身着全副金镀铜甲，装作将军；并用镇殿将军二人，也是介甲贯胄，装成门神；在教坊选又黑又凶恶肥胖的人化装成判官；还有化装成钟馗小妹、灶神、土地神以及六丁、六甲、神兵、五方鬼使、神尉之类的共一千余人。然后从禁宫中鼓吹驱邪祟，出南熏门东华门外到转龙湾，谓之“埋祟”而散。除夕驱傩后，禁宫中爆竹连天，震动整个京城！据陆游《老学庵笔记》所记：北宋政和年间（1111～1117）宫中为了举行驱傩仪式，下令桂府进奉面具，开始进奉一副，后来进到八百具为一副，“老少妍丑，无一相似者”。后来桂府凡制作面具者都因此而致富。从当时驱傩仪式用面具之多，也可窥见其仪式的盛况。制作面具也不仅是桂府，据洪迈《夷坚志》记载：“入郡适逢廛市，有摇小鼓而售戏面具者。”当时制卖面具多的原因，不仅是宫廷驱傩要进奉，民间也盛行驱傩。

颇为有趣的是宋代以后民间傩舞还有跳灶神、打夜胡等名称，虽然活动形式不一，但都属于驱傩的性质。《东京梦华录》就记载进入腊月以后，“即有贫者三五人为一火（伙），装妇人神鬼，敲锣击鼓，巡门乞钱，俗呼为打夜胡，亦驱祟之道也”。这种三五个贫穷的人用“打夜胡”的驱傩方式来乞钱，从艺术上讲是继承了唐代民间小傩戏的形式，贫者以此乞钱类似街头卖艺，同时也反映了宋代民间的贫困生活。其所以叫做“打夜胡”，按杨彦龄《杨公笔录》记载：传说唐敬宗善击球，每至夜间，在宫苑中以自捕狐狸来取乐，称之为打夜狐，因此，俗称岁暮驱傩为打夜狐。因为古人认为狐狸能成精，打夜狐也有驱祟的意思。久之音讹也就叫做“打夜胡”。有趣的是不仅宫廷“打夜胡”，民间也是如此称呼。赵彦卫《云麓漫钞》记载说：“世俗岁将除，乡人相率为傩，俚语谓之‘打夜胡’。”

这种民间驱傩仪式，从宋代以后直到明清一直很盛行，而且不断发展和变化。名称不仅有“打夜胡”，还有“跳灶王”、“跳钟馗”等。唐代已把灶神称为炊王，如李廓《镜听词》就有“匣中取镜辞灶王”之句。家雪亭《土风录》中认为《秦中岁时记》记载的除夕进傩的傩公、傩母即是灶公、灶母。褚人获《坚瓠集》记载：“今吴中以腊月一日行傩，至二十四日止，丐者为之，谓之‘跳灶王’。”清代顾禄《清嘉录》描绘当时苏南腊月跳灶王的风俗很有特色。进入腊月以后，“乞儿三五人为一队，扮灶公、灶婆，各执竹枝噪于门庭以乞钱，至二十四日止，谓之跳灶王”。这种跳灶王的人涂粉墨于面，跳浪街头，各户居住人家都施舍钱米，升合多少不等。因为到了腊月二十四，灶王要上天，跳灶王不仅含有驱邪祟的意思，而且要灶王“上天言好事”。到了腊月二十四要送灶神上天，所以跳灶神到腊月二十四止，到了除夕又接灶神。根据全国府县方志来看，这种跳灶王之俗，主要在我国东南盛行，北方（除个别地方外）很少见于记载。周宗泰《姑苏竹枝词》描写跳灶王风俗诗云：

又是残冬急景催，街头财马店齐开。
灶神人媚将人媚，毕竟钱从囊底来。

吴曼云《江乡节物词》也有诗云：

借名司命作乡傩，不醉其如屡舞傞。
粉墨当场供笑骂，只夸囊底得钱多！

不仅灶王可跳，而且门神钟馗也可跳。宋代据《东京梦华录》及《梦粱录》记载：在大傩中已有钟馗及其小妹，到明清之际，进入腊月，乞丐穿上坏了的甲胄，化装成钟馗沿街跳舞以逐疫鬼。与跳灶王所不同的是时间，跳灶王跳到腊月二十四日就停止了，跳钟馗直到除夕才结束。周宗泰有《跳钟馗诗》说：“残须破帽旧衣裳，万两黄金进士香。宝剑新磨堪逐鬼，居然护国有忠良。”

清代宫廷年节却无傩舞仪式。因为清朝的建立者是由关外入主中原的满族，他们虽然大量吸收了汉文化，但对除夕驱傩仪式却没有吸收。清代宫廷每年除夕以“隆庆舞”取代了驱傩的仪式。这种隆庆舞别有一番风趣。以竹制成马头马尾，马身饰有彩缯，如戏剧舞台上的道具马一般。再有一个踩高跷的骑在马上，弯弓挽箭；另有一个人五色涂面，身着黑皮，装作一只野兽，奋力跳跃。然后，由骑竹马踩高跷者弯弓射之。旁边还有持红油簸箕者一人，用箸敲刮簸箕作歌，踩高跷者弯弓逐兽而射。最后，扮兽者要应弦倒毙。也有人认为这种隆庆舞就是取大傩古意。还有人把隆庆舞叫做“射狐妈子”，属于象功之舞。但是，这种“除夕用之”的隆庆舞仪式与古大傩显然区别很大。传说满族入关之前，有一居住于黑龙江江边的达斡尔族，当地有一种不知名的野兽，喜欢咬啮马腿，达斡尔人畏于兽甚于畏虎，不敢安居。清立国初年，曾到过这里，因有踩高跷、骑假马的一满族人射杀了这个异兽，达斡尔人从此归顺了清，因此而作隆庆舞，每年除夕用之（见《清朝野史大观·清宫遗闻》）。

至于守岁的风俗到宋代以后，又增添了不少新的内容。不但有守岁，还有“馈岁”、“别岁”、“辞年”等种种名称。除夕的概念也不限于“月穷岁尽”的最后一天，有了“小除夕”（即小年夜）与“大除夕”（即大年夜）的分别，其活动内容也增多了，有接灶、祭床神、给压岁钱等。

除夕守岁之俗代代相沿，唐、宋、元、明、清都是如此。苏东坡《守岁》诗序说："除夕达旦不眠，谓之守岁。蜀之风俗如是。"苏东坡在陕西岐山任职时，岁暮思归但又不能归家团聚，因此给他弟弟苏辙写了三首诗《守岁》、《馈岁》、《别岁》，以寄托思念故土之情。他的《守岁》诗写道：

欲知垂尽岁，有似赴壑蛇。
修鳞半已没，去意谁能遮。
况欲系其尾，虽勤知奈何。
儿童强不眠，相守夜欢哗。
晨鸡且勿唱，更鼓畏添挝。
坐久灯烬落，起看北斗斜。
明年岂无年，心事恐蹉跎。
努力尽今夕，少年犹可夸。

这首诗抒发了强烈的思乡之情，表达了除岁垂暮之日，对宦海浮沉的慨叹，也寄托了对来年的希望。诗中"儿童强不眠，相守夜欢哗"、"坐久灯烬落，起看北斗斜"，正反映了当时守岁的风俗。苏东坡家居蜀地，认为四川风俗如此，其实，中原、西北、东南吴越之地，守岁风俗大致相同。宋代守岁风俗在宋人笔记中屡见不鲜。像《梦粱录》记载除夕："士庶不论贫富家……如同白日，围炉团坐，酌酒唱歌……竟夕不眠，谓之守岁。"宋人袁文《瓮牖闲评》云："守岁之事，虽近儿戏，然而父子团圆把酒，笑歌相与，竟夕不眠，正人家所乐为也。”明代张瀚《松窗梦语》认为：“围炉团坐，达旦不寝，谓之守岁，此皆故宋之遗风，亦岁终之一乐也。”说明明代风俗与宋代基本一致。刘从益《岁除夕以东坡守岁韵》中有描写守岁时的见闻和感慨的诗句：“殷勤守此岁，来岁复如何？南邻祭灶喧，北里驱傩哗。须臾罢无为，但听鼓楼挝。”除夕之夜，诗人在守岁时，邻居的祭灶活动、街头的驱傩喧哗、更夫的敲鼓声尽入诗中。

同唐代一样，除夕守岁，珍惜年华，感叹韶光流逝，嗟叹宦海浮沉、人世沧桑都是诗人常常咏叹的内容。如范成大《除夜书怀》诗中的“鬓绿看看雪，心丹念念灰。有怀怜断雁，无思惜疏梅”，表达了诗人在除夕之夜的感慨与心灰意懒的情绪。“昨梦书三箧，生平酒一杯。床头新历日，衣上旧尘埃。摇落何堪柳，纷纭各梦槐。隙光能几许，世事剧悠哉！”把诗人那种落魄销魂、书酒自娱的心理状态表现得淋漓尽致，表达了有抱负而不得施展的苦闷心境。南宋民族英雄文天祥，为了保住南宋最后的残破江山，曾经英勇不屈地对南下元军进行殊死抵抗，失败后被囚于狱中，除夕之夜，面对囚牢铁窗，想到除夕合家团圆守岁饮屠苏酒的风俗，感慨油然而生。他写的《除夜》诗云：

乾坤空落落，岁月去堂堂。
末路惊风雨，穷边饱雪霜。
命随年欲尽，身与世俱忘。
无复屠苏梦，挑灯夜未央。

在这除夕的漫漫长夜，本该是全家守岁欢饮屠苏酒之时，然而文天祥却身陷囹圄，生命和年岁都到了尽头，抱定以死报国的决心，身与世俱忘了，甚至连饮屠苏酒的梦也不再做了，只是感慨“乾坤空落落”，表现了诗人决心以身殉国的高尚品质。金朝诗人元好问37岁除夕之夜赋诗表达了年华虚度，人生蹉跎的感叹：

一灯明暗夜如何，梦寐衡门在涧阿。
物外烟霞玉华远，花时车马洛阳多。
折腰真有陶潜兴，扣角空传宁戚歌。
三十七年今日过，可怜出处两蹉跎。

面对除夕夜一盏幽暗明灭的灯火，遥想祖国不能统一，而自己却不能像陶渊明那样逍遥遁世，而为五斗米折腰，37年过去了，岁月蹉跎，感慨之情，溢于言表。年终珍惜年华，乃是人之常情，席振起的《守岁》诗道出了这一真谛：

相邀守岁阿戎家，蜡炬传红映碧纱。
三十六旬都浪过，偏从此夜惜年华。

除夕守岁的词也很多，但大多是软玉温香，铺张靡丽，而缺乏思想深度。但这些词中也能反映出一些除夕的风俗民情。如赵师侠的《鹧鸪天·除夕》：

爆竹声中岁又除，顿回和气满寰区。春风解绿江南树，不与人间染白须。

残蜡烛，旧桃符，宁辞末后饮屠苏。归与幸有园林胜，次第花开可自娱。

这首词中反映了当时除夕夜普遍放爆竹、换桃符、赏园林花开的悠闲情调。也有对新年有所寄托之作，如杨无咎《双雁儿·除夕》：

劝君今夕不须眠，且满满，泛觥船。大家沉醉对芳筵，愿新年，胜旧年。

和守岁同时，还有“馈岁”、“别岁”之俗。苏东坡《守岁·馈岁·别岁》诗序说：“岁晚相与馈问，为馈岁，酒食相邀，呼为别岁。”在周处《风土录》中也有同样的记载。苏轼《馈岁》诗中描写除夕夜民间相互馈赠时讲究“假物不论货”，各家馈赠东西可以“山川随出产，贫富称小大”，贵在人情，不在乎东西的多少。富者可以多馈赠，贫者可以少馈赠。有的“寘盘巨鲤横，发笼双兔卧”，大鲤鱼、肥蒸兔整尾成双地送。这只能是“富人事华靡”，而贫者却愧不能，只是“微挚出舂磨”，用舂出的米，磨出的面，做一些普通的米面之食，邻里乡亲少量馈赠一些，表示新的祝贺。馈岁是相互赠送食物，而别岁则是相互邀请饮酒辞岁。正如苏轼《别岁》诗中所写：“东邻酒初熟，西舍彘亦肥。且为一日欢，慰此穷年悲。”当时馈岁和别岁主要是在除夕这一天，并不一定要在晚上，守岁却一定是在除夕之夜。

苏轼诗和诗序中描写的这种馈岁、别岁风俗主要指蜀地（今四川一带），后来发展到北方和东南地区。到了清代，依然十分盛行。不过各地叫法时有变化。如“别岁”，陆启浤《北京岁华记》记载：“先除夕一日，人家置酒宴，往来交谒曰‘别岁’。”说明清代北方“别岁”在除夕前一天就开始了。而吴楚地区称别岁为“辞年”，称馈岁为“送年盘”。家雪亭《土风录》就说：“馈岁，即吴俗‘送年盘’也。”据周密《武林旧事》记载：进入腊月以后，送馈岁年礼盘合、担酒挑羊肉者，大道上处处可见。《清嘉录》记载：“岁晚，亲朋互以豚蹄、青鱼、果品之属相馈问，谓之‘送年盘’。”因为馈岁时礼品往往采用盘合装起来，以示隆重，所以把年节馈岁的礼品也叫年盘，把馈岁称作送年盘也就成了吴地的方言。从别岁、馈岁、守岁可以看出中国人珍惜年华、重人情的淳厚质朴的风俗。

伴着守岁，除夕之夜要点明亮的红蜡烛，称作守岁烛。富贵人家，守岁烛粗大如椽，置于寝室，通宵明亮，一直燃到翌晨天亮。穷困小户之家，也要点一支细烛，灯火如豆，但求终夜不灭就行了。这个风俗主要盛行于吴越之地，像《清嘉录》就有除夕夜“燃双烛于寝室中，宵永烬长，生花报喜，红荣四照直接晨光”的记载。王次回《疑雨集·残岁即事》诗就是这一风俗的真实写照：

纱笼椽烛焰如幢，火齐呈花喜一双。

为惜春风吹烬落，晓妆成后未开窗。

我国各地流行最普遍的莫过于“压岁钱”和“摇钱树”的风俗了。据《燕京岁时记》载：压岁钱有两种，一是“以彩绳穿钱，编作龙形，置于床脚，谓之压岁钱”；二是“尊长赐小儿者，亦谓之压岁钱”。而《清嘉录》所记吴俗中压岁的风俗内容就更丰富了。以竹篮子提着糕果之类馈赠赉献，称作“压岁盘”；长者用红绳串以百钱送给小儿叫做“压岁钱”；还有将橘子、荔枝等果品置于枕边，而谓之“压岁果子”。用橘、荔取吉利的谐音，一般在第二天元旦睡醒时取食，反映了人们对新年美好生活的祝愿和希望。吴曼云《咏吉利》诗写道：

闽荔乾红橙橘黄，深宵酒醒试偷尝。

听郎枕边朦胧语，新岁还君大吉祥。

这首诗生动地描绘了年轻夫妇新年夜吃橘子、荔枝等压岁果子，祝愿新年吉利的活动。而对压岁钱和压岁果子最感兴趣的莫过于儿童了，正如吴曼云《压岁钱》诗所写的：

百十钱穿彩线长，分来再枕自收藏。

商量爆竹谈箫价，添得娇儿一夜忙。

这种压岁钱及压岁果子的习俗一直影响到现在，每到新春佳节，父母还要给儿童准备些鲜美的果品，给小孩的衣兜里塞些零钱，实质上就是压岁钱及压岁果子的遗风。

可是，“摇钱树”的风俗今天却很难见到了。据《燕京岁时记》记载：“摇钱树”是采用“松柏枝之大者，插于瓶中，缀以古钱、元宝、石榴花等谓之摇钱树”。这个风俗各地也不完全一样。像《清嘉录》记载为“老虎柏子花”。到了年夜，用柏叶点以铜绿，剪彩色绒布为虎形，扎成小朵，名叫“老虎花”。旁边缀些小老虎，叫做“子孙老虎”。或者再剪些寿星、谷子、招财进宝、麒麟送子之类，称为“柏子花”。闺中妇女多买些“老虎柏子花”互相馈送，并作为新年小儿女的装饰。虽然名称形式不大一致，意思却差不多。这种以柏枝为树的习俗颇类似西方“圣诞树”的风俗。

在除夕夜，年长者守岁相邀饮酒为乐，儿童们喜玩爆竹压岁钱。而文人往往相聚赋诗论文，以消长夜。除夕夜诗咏之作自唐宋以来，不胜枚举。清代大诗人伊文端才思敏捷，落笔如风，况又少年得志。据《随园诗话》记载：伊文端为两江总督时，与他的门生、大诗人袁枚经常吟诗唱和。伊文端成诗极快，每得佳句必马上飞传。袁枚虽也负才子盛名，但却颇惮尹文端成诗的神速。有一年除夕三鼓已过，袁枚突然遣人持一首新诗去赠伊文端。伊文端展笺一读：

知公得句便传笺，倚马才高不让先。

今日教公输一着，新诗和到是明年！

伊文端读罢大笑，也深深佩服自己门生袁枚的才气。时过三鼓，这对师生还在吟诗，可见除夕夜文人们赋诗自娱的风气之盛。

且不管伊文端的新诗和成与否，三鼓已过，五鼓黎明，爆竹声响成一片，新的一年又来到了。唐代以后，元旦风俗活动已比以前热闹得多了。

上文已提及爆竹起源于汉代，东方朔《神异经》中就记载有以爆竹惊山臊恶鬼之说。但是这种爆竹是把竹子放在火中燎烧而爆裂发出噼啪的声响。魏晋时，炼丹家在进行炼丹的化学实验时，发现硝石、硫黄和木炭合在一起能引起燃烧和爆炸，于是发明了火药。有人将火药装在竹筒里燃放，响声更大，新的“爆竹”就产生了，这种爆竹又叫爆仗或炮仗。宋代高承《事物纪原》认为：“马均始制爆仗。”到了宋代，由于造纸术及火药术的普及，已普遍开始用纸裹火药制成“鞭炮”及“起火”，更为节日的欢乐增添了奇光异彩。

宋代放爆竹从除夕到元旦，通宵响如雷鸣。如《东京梦华录》记载：“是夜（除夕），禁中爆竹山呼，闻声于外。”《梦粱录》记载：“是夜，爆竹嵩呼，闻于街巷。”宋代都城开封大街小巷都有出售爆仗、焰火之类的。从宋代到明清，爆竹经过年复一年的改进，品种已五花八门，绚丽多彩。大的炮仗一鸣如雷贯耳，叫做“一声雷”，还有双响炮、连珠炮，响声干脆如炒豆的鞭炮，飞上空中响的二踢脚炮。且莫轻视这简单的二踢脚，从科学原理讲，它还是当代火箭技术的鼻祖呢！还有一声巨雷般的爆炸后，飞上天空连续爆响的“母子炮”。爆竹是我国的特产，是独具民族特色的群众性娱乐用品，不仅在除夕元旦放，其他重要节日或喜庆之时，都要放炮庆贺，增添欢乐喜庆气氛。需要说明的是，我国最早放爆竹是为驱邪而放，但后来意义已完全演变了，成了娱乐喜庆的一项活动。其次还有迎神的意思，像清代《燕京岁时记》就记载：“每届初一，于子（时）初焚香接神，燃爆竹以致敬，连宵达巷，络绎不绝。”燃爆竹驱山鬼与燃爆竹以敬神，意思截然相反，这反映了早期含有征服自然的巫术思想向尊神事鬼迷信思想的转变。

当爆竹声划破夜空之时，官方的朝贺之礼也开始演出了。宋代以后的元日朝贺习俗之隆重较之前代有过之而无不及，但生动活泼的气氛完全被庄严肃穆的森严礼制所扼杀。庞元英《文昌杂录》记载：宋代在大庆殿会朝，并开创新仪式，开大庆门，张旗帜，兵部设黄麾仪仗队五千人，夹门填街。据《东京梦华录》记载：宋代正旦大朝会就在大庆殿举行。有介胄长大武士四人立于殿角，谓之“镇殿将军”。各国使节入贺正殿。皇帝列法驾仪仗，百官皆冠冕朝服，连诸路举人入京朝贺也士服朝班。举人一般都是头戴三梁冠，白袍青缘。诸州官吏朝贺都贡献地方特产。

在宋代元旦朝会中各少数民族的使节是最富有特色的。像辽国的大使头戴金冠，而金冠的后檐又尖又长，像一大莲叶，身着紫色窄狭紧身袍；辽国的副使却腰裹金带如汉服。大使的跪拜方式与汉族双膝着地不同，而是跪右足，立左足，两手交肩为一拜；但副使跪拜必须按汉仪。西夏国的大使与副使都戴短小制样的金冠，穿绯窄袍，叉手而展拜。高丽（今朝鲜）与南番交州的使节和汉族仪式一样。可是长髯高鼻的回纥族入朝时，却是以长帛缠头，散披长袍。于阗来朝者都戴小金花氈笠，金丝战袍束带，并且都偕其妻同来。南蛮五姓番入朝时都是椎髻乌氈，像僧人一样礼拜。朝见后宋朝皇帝一般都要赐给汉装棉袄之类的服饰。还有远方真腊（今柬埔寨）、大食等国，也不远万里前来参加元旦朝贺。

据《梦粱录》记载，元旦朝贺时，紫禁宫中景阳钟齐鸣后，皇帝点燃香烛祭天，为百姓祈祷百谷丰收。百官都依次待班于宫门之外。等到疏星绕建章，天色渐明，虾蟆梆鼓并作，执挺人传呼禁门开启，这时，早已等候在宫门外的百官才联辔入宫城，簇拥而行。进了大庆殿以后，按次序排班站立，当值内侍高声呼问："班齐未？"禁卫人随班齐奏："班齐！"这时皇帝才出御屏，登临玉座。百官领班人员蹈舞，朝拜山呼。尤其那些禁卫人员高声嵩呼，声如雷震，当时号称"绕殿雷"。宰执、枢密使等登殿奏事上寿。然后皇帝宣制说："履兹新庆，与卿等同。"可以看出，这元旦朝贺虽然规模盛大，仪式齐整，庄严肃穆，但却没有唐代那给群臣赠柏叶、赐御酒、君臣宴饮同乐、应制作诗的雅趣。这是封建专制主义政治制度日益强化的必然结果。

朝贺完毕，给宰执群臣赐宴，而外国使节则在驿馆赐宴。第二天和第三天还要到玉津御园射箭为乐，选能射的武官伴射，就园中赐宴。先招箭班士的弓弩手立于箭垛子前，穿无脚小帽锦袄，踏弩开弓，舞旋搭箭。武官弯弓射中者，皇上要赐给闹装、银鞍、马匹、衣帛、金银器物等。来朝的各藩属国使节辞朝时，皇帝一般都要赐宴饯行，并赐赠马匹银帛，礼物丰盛。

元代蒙古族入主中原后，大量汲取了汉文化，像元旦这样重要的节日自然也在仿效之列。元代著名诗人萨都剌《都门元日》诗写道：

元日都门瑞气新，层层冠盖羽林陈。
云边鹄立千官晓，天上龙飞万国春。
宫殿日高腾紫霭，箫韶风细入青旻。
太平天子恩如海，亦遣椒觞到小臣。

从诗中描写的层层冠盖、云边鹄立、千官朝贺、殿腾紫霭、箫韶细乐、声遏青云来看，仪式之隆重不亚于宋朝，连赐椒柏酒的汉族习俗也被吸收了。傅若金《次韵元日朝贺》诗中“宫漏崔朝烛影斜，千官鸣玉动晨鸦”、“宴罢戴花经苑路，诗成传草到山家”等诗句也反映出当时的盛况，说明元代元日朝贺也在五更，在烛光灯影中千官上朝，玉佩叮当鸣响，连早晨酣睡中的梦中之鸦都被惊醒了。元日前贺后还要赐御宴并带花以示欢庆。

明代建国之初注重节俭，《明会典》记载朱元璋洪武十六年（1383 年）下令在京文武官员正旦日要节俭，减少开支。随着社会安定，生产恢复，奢靡之风又日盛一日。像明代吏部尚书、华盖殿大学士李东阳《元日早朝》诗描绘的“九门深掩禁城香，香雾笼街不动尘。玉帐寒更传虎卫，彤楼晓色听鸡人”，礼部侍郎程敏政《元日早朝》诗中的“寒鸦集曙彩鞭挥，剑佩森森拱太微。日晃御床明绣衮，云回鸾辂见青旗”等句，都生动地描写了明代元日朝贺的情景。据《西湖游览志余·熙朝乐事》记载：每至正月朔日，“官府望阙遥贺，礼毕，即盛服诣衙门，往来交庆”。可见明代朝贺者不仅是京官，地方官吏也要履行遥远的祝贺仪式。

据《帝京岁时纪胜》记载：清代元旦朝贺活动在半夜子时就开始了。据《清代野史大观·清宫遗闻》记载：五鼓时，皇帝要亲祭堂，各官都要穿朝服于午门外相送。黎明时皇帝圣驾回宫，先至奉先殿，继至永寿宫给祖宗及太后行礼，然后才能到太和殿受外庭朝贺。辰时，外庭大臣朝贺毕，再回乾清宫，在钟鼓乐声中，皇帝再登宝座，宫女嫔妃上前行礼。然后东宫太子以及诸王依次序在殿前行三跪九叩礼。接着公主郡主们在宫中行礼。最后，皇帝再到西暖阁，内外诸臣聚集于午门内，望毓庆宫行两跪六叩礼。礼毕朝贺结束。这套朝贺仪式确实够复杂的，且不说朝臣们从半夜一直折腾到中午，叩了多少头，折了多少腰，早已饥肠辘辘，就是皇帝本人从五更即起祭祀，先叩头，后受礼，也恐怕够劳累的了。然而在封建礼俗中，这元日朝贺乃是一年的大礼，是马虎不得的。朝贺礼后，皇帝又要赐宴宗室，让皇子皇孙、王公贝勒等近亲在乾清宫及元和殿饮宴。在这个宴会上可以只行家礼，高椅盛馔，两人一席，赋诗饮酒。至于朝臣们都回家用膳，不赐宴，这一点与前代不同。

统观历代元日朝贺礼俗，汉魏至隋唐君臣共庆还有一些情趣。宋代以后，随着封建专制主义的强化，君臣关系更加等级森严，朝贺成了为皇帝一人拜年的仪式。元明到清气氛由热烈变为肃穆冷清，这也反映出封建制度日趋僵化，走向没落的趋势。

当百官急于入朝行朝贺礼时，在寻常百姓之家却另是一番忙碌喜庆的景象。拜天地，祭列祖，互相拜年。

拜天地，祭祖宗，全国各地形式不一，内容却大致相同，成书于明清的各地方志中有大量记载。像《宛平县志》记载："正月元旦五鼓，民间亦盛服焚香礼天地，祀祖考、拜尊长，及朋友投刺互答，曰拜年。"《东安县志》记载："正月岁首，祀神祀先，亲诣墓所毕，贺新年，敬尊长，更相贺岁。"《昌平县志》记载：元旦士民"设香烛牲礼、祀神祇祖先，家人称寿"。《永平府志》记载元旦日士民百姓家"设庭燎，爇香烛，奠祀真宰祖祢，仍设于堂供献，家人卑幼拜家长，举觞称寿"。有的祭祖要到墓地去祭，有的地方设供于中堂，比较特殊一点的是陕西和江浙一带，设神轴画影而祭。

陕西《富平县志》就有"每溯祖宗数世者，共为画像，名曰'神轴'，元日子时会拜"。这种画影神不唯富平县有，关中地区普遍有此风俗。直到解放初，许多农村还有元旦"拜老影"的遗俗，这种"老影"

就是神轴。有些村镇数千口人同族同宗，共拜一个神轴，上面画祖宗像多达30余代，少者也有十几代。类似画像家谱。每到正月初一，全族人都来设香烛祭奠。细细考究，这种风俗最晚在明代已经产生，至少也有三四百年的历史了。《武进县志》也有记载："元旦拜祠堂，黎明率子弟群拜于祠。先大宗，次小宗，焚香上茶，设粉饵，元祭。拜神影子，先像奉供堂中，事如生礼，设奠祭酒，凡菜蔬粉米之属无不具，每日三饭，凡三日卷之。"其实这里的神影子同关中的"神轴"是同一回事，都画列祖列宗像而祭祀，不过称呼不一罢了。这种拜祠堂、祭神轴的风俗反映了中华民族重人伦道德的观念，同时也是封建宗法观念在民族心理上的反映，在重要节日中祭拜先祖也要先大宗，次小宗，后家祭。这正是宋明以来儒家理学禁锢人民思想而形成的，在节日风俗上也反映出森严的等级观念。

拜完天地，祭过祖宗，就是拜年。拜年之风汉代已有之，宋代以后发展很大。拜年分三种类型，一是同宗族拜尊长，二是亲族拜访，三是朋友之间的互相拜访。拜尊长一是家中拜家长，二是同族拜长者。这一般都在元旦当日进行。如《邯郸县志》记载："元旦拜祖先父母讫，即拜合族亲友，凡相识俱到门致声。五服之内，面见拜礼，皆在本日。"这种全族而拜的风俗全国各地大致相同。元旦晨起，祭过天地祖宗，同族拜年，互道新年之喜。但是亲戚拜年就不一定是元旦了。走亲访友，互送礼品，共饮美酒，以庆新年。

这种风俗直到今日依旧盛行不衰。

元旦日官宦人家因交游广，同僚多，更是互拜不已。《燕京岁时记》记载："亲者登堂，疏者投刺而已，貂裘莽服，道路纷驰，真有车如流水，马如游龙之盛！"值得一提的是官场拜年"投刺"之风俗，类似今天的互送名片或贺年片。西汉时的"名刺"称"谒"，《史记·郦生陆贾传》中已有记载。东汉称"刺"，即在竹简上刻上自己的名字。王充《论衡·骨相》中有："韩生……通刺倪宽，结胶膝之交。"对此赵翼在《陔余丛考》卷三十《名帖》中谈道："古人通名，本用削木书字，汉时谓之谒，汉末谓之刺，汉以后虽用纸，而仍相沿曰刺。"唐诗人元稹《重酬乐天》诗有："最笑近来黄叔度，自投名刺占陂湖。"宋代名刺用梅花笺纸制成二寸宽、三寸长，上面写着自己的姓名和地址。平时以"名刺"广交朋友，类似今天的"名片"。但是，到了正月一日拜年时，理应登门拜贺，由于忙不过来，就赠送一张名刺，甚至给不太熟悉的人也送一张。投寄名刺不一定本人亲自去，可以由外人代劳。周辉《清波杂志》记载：宋元祐年间，新年贺节，多不亲往。"有一士人令人持马衔，每至一门，喊数声而留一刺字而表到"。到了明代，京师投寄名刺之风尤盛，朝官往来不问相识与否，都是望门投刺，还有不下马或不登门而令人送名帖者。明代文学家文徵明有《拜年》诗云：

不求见面惟通谒，名纸朝来满敝庐。
我亦随人投数纸，世情嫌简不嫌虚。

清代投名刺之风遍及城乡各地。这时也叫“飞帖”。如《清嘉录》所述吴地风俗就有“有遣仆投红单刺到戚共友家者，多不亲往，答拜者亦如之，谓之‘飞帖’”。褚人获《坚瓠集》说：“拜年帖，国初用古简，有称呼。康熙中，则易红单，书某人拜贺，素无往来者，道路不揖者，而单亦及之。”清代还时兴一种“拜盒”，将红色硬纸片制成的名刺放入锦盒中送给对方，以示隆重。

由于当时投寄名帖（名刺）之风甚盛，所以好多人都在门上贴上红纸袋，上书姓氏，号为“门簿”，以便于接收名帖。这种贴于门上的红纸袋又叫“接福”或叫“代僮”，类似现代家庭门口的信箱。范来宗的《拜年》诗写道：

> 走贺纷阗岁龠更，素非识面也关情。
> 添丁诗列怀中刺，过午飞留簿上名。
> 羽士禅师同逐逐，东家西舍尽盈盈。
> 春明旧梦还能记，驰遍轮蹄内外城。

这里“怀中刺”就是指怀揣名刺，“簿上名”即门簿留名。所以当时有“望门投帖，宾主不相见，登簿而已”。甚至江浙一带“俗尚拜年，有从未见面，互相投帖，以多者为荣”。这大约因为慕名投帖者多，如同现代认为知名度高而有关系。民国时，由于西方文化的引进，公历新年也送贺年片，贺年片变成了印刷品，上有祝福词句，印刷设计也讲求艺术，内容形式都有所更新。现代的贺年片小巧玲珑，既印年历，又有精美的画面，融书法、绘画、祝词为一体，给亲朋好友增添了不少节日情趣。

宋代以后，元旦日娱乐活动增加，时间也越来越长。《东京梦华录》记载宋代“正月一日年节，开封府放关扑三日”。开封府北封五门外一带，“皆搭结彩棚，铺陈关梳、珠翠、头面、花朵、领抹、靴鞋、玩好之类。间列舞场歌馆，车马交驰。贵家妇女，纵赏关赌，入场观看，入市店饮宴，习惯成风”。可见宋代开封元旦开禁后十分热闹，连贵族妇女都可以自由出入赌场观看。宋代元日开禁。后世从元旦直到正月十五元宵节一直充满着节日的欢乐。清代《燕京岁时记》记载：正月初五日为破五，从初一到初五，都不能用生米做饭，妇女不能出门。到了初六，王公贵族及官宦人家的家室才冠帔往来，互相道贺。新嫁娘也可以回家省亲了。从元旦到初五，店铺都要关门歇业，或者挂一帘箔表示内外有别，不开业售货。而拜年往来于途者一直络绎不绝。拜年日暮方到的称为“拜夜节”，过了初十去拜年的，称为“拜灯节”。甚至有“有心拜节，寒食未迟”之说。

各地城市都会、乡村僻野都有各种丰富的娱乐活动。《清嘉录》记载杭州一带：“杂耍诸戏，来自四方，各献所长，以娱游客。”有“高竿”，立长竿百仞，顶端树一面旗，一人如猿猱盘木而上，拔下顶端旗帜；有“走索”，一条悬空长绳，两人各从一端迎面走来，侧身互让而过；还有长剑入喉的“吞剑”；利刀砍腹的

“弄刀”；将瓮放在掌中或两腋、两股之间，盘腰绕腹地起落而舞的“弄瓮”；有将盆置于竿首，旋转飞舞的“舞盆”；有人站在几尺以至一丈多高的木腿上叫“踏高跷”；有以毯覆地变化什物的“撮戏法”；有以大盏水覆毯，令水忽然隐去的“飞水”；置放五个红豆在掌上，令其突然隐去的“摘豆”；有以十枚大铜钱，一呼而变成五色的“大变金钱”；有一个人藏身帐帷中，模仿数人问答说话，称为“隔壁戏”；还有人口中学百鸟之声，谓之“百鸟像声”。当时杂技艺术种类齐全，口技、魔术、惊险动作应有尽有。值得一提的是西方传入的“西洋镜”，江宁人造一个方圆木匣，里面有花树、禽鸟、神怪、秘戏之类，外面开一个小圆孔，用一目窥视，障小为大，形如真山真水，称之为“西洋镜”。还有“洋画”，用显微镜窥视，采用西洋画法。这些杂技已融合了光学技术、微雕技术，形成独特的杂技艺术。

正月玩猴戏、木偶戏、皮影戏是最热闹的娱乐活动了。安徽凤阳的猴戏最出名。《清嘉录》记载：“凤阳人善畜猴，令其自为冠带，并豢犬为猴之乘，能为《磨房》、《三战》诸出。”猴犬结合演戏或表演各种滑稽可爱的动作，不仅在安徽东南地区，就是在北方也十分盛行。至于“以五指运三寸傀儡”的傀儡戏与木偶戏更是十分普及的民间娱乐活动。在陕西等地有灯影戏，或称皮影戏。以纱帐为幕屏，以灯光作光源，用牛羊皮刻制各种人物和布景，绘以彩色，演出各种戏目。至今，每到春节，民间仍然十分盛行。

过了正月初一，最热闹的节日活动莫过于“行春之仪”了。行春之仪与元日后的春节活动紧密联系，是最热闹的节日活动。元日后，春耕即将开始，人们祝愿新的一年风调雨顺，五谷丰登，生活美好；而劳动人民辛苦一年，在春节农闲时大大地娱乐一番也是人之常情。因此这些节日活动既有祝福和祈求丰收的意愿，也有娱乐的目的。

《梦粱录》记载宋代“以镇鼓锣吹妓乐迎春牛”，“街市以花装栏，坐乘小春牛，及春播春胜，各相献遗于贵家宅舍，示丰稔之兆”。这时的行春之仪主要是为了祝丰收，迎春牛。到了明代行春仪就热烈多了。明代公安派诗人袁宏道的《迎春歌》，生动地描述了这一盛大的歌舞游乐活动：

东风吹暖娄江树，三衢九陌凝烟雾。
白马如龙破雪飞，犊车辗水穿香度。
绕吹拍拍走烟尘，炫服靓装十万人。
额罗鲜明扮彩胜，社歌缭绕簇芒神。
绯衣金带衣如斗，前列长官后太守。
乌纱新缕汉宫花，青奴跪进屠苏酒。
采莲盘上玉作幢，歌童毛女白双双。
梨园旧乐三千部，苏州新谱十三腔。
假面胡头跳如虎，窄衫绣裤槌大鼓。
金蟒纩身神鬼妆，白衣合掌观音舞。
观者如山锦相属，杂沓谁分丝与肉。

一路香风吹笑声，千里红纱遮醉玉。
青莲衫子藕荷裳，透额裳髻淡淡妆。
拾得青条夸姊妹，袖来瓜子掷儿郎。
急管繁弦又一时，千门杨柳破青枝。

宋明的游春之仪都有官方参加。在浩浩荡荡的游春队伍中，锣鼓喧天，歌声乐声此起彼落。白马如龙，犊车如飞，欢声笑语，热闹非凡。那些戴着假面具、装扮鬼神的化妆表演是多么诱人，穿着洁白衣裳、双手合掌的“观音”翩翩起舞，飘然若仙子下凡。观者如山，万人空巷，气氛热烈，盛况空前。

清代，这种风俗仍然盛行。《帝京岁时纪胜》记载正月迎春：“各会府州县衙遵制鞭春，京师除各署鞭春外，以彩缯按图经制芒神、土牛，舁以彩亭，导以仪仗鼓吹。”《燕京岁时记》记载：这日顺天府还要进春牛图，立春前一天，官员们还要穿朝服，恭恭敬敬地去东直门外迎春。芒神、土牛以鼓乐为前导，走到官署，陈于彩棚之中。立春日还要向皇帝、皇太后、皇后进献芒神、土牛及青山。接着由礼部官员带领朝臣在皇宫周围打土牛，“以劝农意”，催促春耕。清代官府主办的迎春仪式远不及明代民间行春之仪生动活泼，场面热烈。这种仪式反映了小农经济社会的思想意识。

清代民间伴随行春之仪的都是社火，耍狮子、舞龙灯、扭秧歌、踩高跷等娱乐活动，为新春佳节增添了浓郁的欢乐气氛，至今仍然盛行。

三　元宵节

正月十五是“元宵节”，又叫“上元节”。《岁时杂记》说，这是沿道教陈规。道教称正月十五日为“上元节”、七月十五日为“中元节”、十月十五日为“下元节”，合称“三元”。其实，“上元节”的起源却在道教之前。

“一年明月打头圆”，正月十五日是新的一年中第一个月圆之夜，古代把夜称宵，所以“上元节”又叫“元宵节”。到了正月十五夜里，天边一轮明月高悬，地上万点灯火通明，人们乘着新年后的余兴，披着早春稍带寒意的轻柔晚风，踏月观灯，猜谜射覆，正是最好的时节。因此，“元宵节”是中国独具风采的一个传统节日。

1　元宵节探源

元宵节起源于汉代。据《史记·封禅书》记载：汉武帝时，亳人谬忌奏请祭祀“泰一”神。“泰一”神又称“泰乙”、“太一”或“太乙”。为何要祀泰一呢？谬忌认为“泰一”是天神中最尊贵者，其地位在五帝之上。泰一神早在战国时已被人们敬祀，宋玉《高唐赋》中就有“醮诸神，礼泰一”的记载。《星经》也记载有泰一星，为“天帝神，主十六神”。《史记·天官书》也记载中宫天极星中，其中最明的一颗乃是“泰一常居也”。关于泰一神，顾颉刚先生从哲学角度作了一个比较科学的解释：“这种天神，无疑发生于阴阳说。天一是阳神，地一是阴神；泰一更在阴阳之前，为阴阳所出，所以谓之最贵。《易传》里说：‘易有太极，是生两仪。’泰一便是太极，天一和地一便是两仪。至高无上谓之泰，绝对不二谓之一，本来是一个哲学里的名词，却给宗教家取去作神灵的称号了。从此以后，泰一就是上帝之名，上帝就是泰一之位，终汉一代，再也分不开来。”（顾颉刚《秦汉的方士与儒生》第五章）秦汉之时多方士神仙，汉武帝又是极为相信神仙的皇帝，面对当时人们心目中如此尊贵的太一神，岂能不大大祭祀一番。根据谬忌的说法，古来天子都在东南郊设坛祭祀太一，祭祀日子为春秋两季，祭品是每天以牛、羊、豕三牲来祭祀，连续祭七天。汉武帝听了以后立即在汉长安城东南建了一座太一祭坛，按照方士的说法去祭祀。汉武帝元狩三年（公元前120年），方士李少翁得到汉武帝的宠幸，又建议在长安西北甘泉筑离宫，画天、地、太一诸神像。又过了两年，汉武帝久病不愈，上郡有一巫师，能召鬼神治病，汉武帝召来与神通话，神君说：“天子无须忧虑病情，病会很快好转，待你身体康复后，我们就将相会于甘泉宫。”汉武帝虽看不见这位不食人间烟火、受人尊敬的太一神的童颜鹤发，但居然能与神灵对话是何等荣幸之事，一高兴，病情减轻了，到了甘泉宫身体竟然恢复了健康。因此大赦天下，置寿神宫。元鼎五年（公元前112年），汉武帝便在甘泉宫修建太一祠坛。上供太一神，下有五帝，按东南西北四个方向分别排列着青、赤、白、黑四帝，黄帝排在西南角。汉武帝祭祀时对五帝及日月诸神不过长揖而已，唯独对太一神虔诚下拜。无论是伐南越、得天马，甚至冬至之日也要祭太一。在正月十五日祭太一神最隆重。从黄昏开始，通宵达旦用盛大的灯火祭祀，加上夜晚常有流星划过祠坛之上，从此形成了正月十五张灯结彩的习俗。

到了东汉明帝永平十年（67年），蔡愔从印度求得佛法归来。《西域记》称印度摩喝陁国正月十五日，僧徒俗众云集，观佛舍利放光雨花，认为是上元天官赐福的良辰。汉明帝为了弘扬佛法，下令正月十五日夜在宫廷和寺院“燃灯表佛”。《法苑珠林》又记载明帝永平十四年（71年），五岳诸山道士要与西域和尚比较法力，以辨真伪。汉明帝令僧道正月十五日会集于洛阳白马寺，道士斋道经，设置三坛，然后纵火焚经，经书见火而被焚化。可是佛教舍利经像置于道西，“光明五色，直上空中，旋环如盖，于时天雨宝花，大众咸悦”。《法苑珠林》是为了鼓吹佛教，贬低道教，其记载当然不可靠。但是从此可以推知，正月十五放灯火之俗始于汉武帝祀太一神，主要在皇宫举行。佛教传入中国以后，中印习俗互相融合，流传到民间。每到正月十五日夜，城乡灯火辉煌，昼夜通明，士族庶民，一律挂灯。这既有祭太一神的旧说，又有燃灯礼佛的虔诚，原有的神仙术与佛教礼仪相结合，形成了一个中西合璧的独特习俗。这个习俗经官方的倡导而开始流行，并在这一夜取消宵禁制度。据《事物纪原》记载：汉代西都长安城有执金吾负责宵禁，“晓瞑传呼，以禁夜行”，唯有正月十五日夜晚，皇帝特许执金吾驰禁，前后各一日，允许士民踏月观灯。

2 祭门户、祀蚕神

到了魏晋，又增添了灯节祭门户、祀蚕神、迎紫姑的风俗。按《荆楚岁时记》记载，祭门户的仪式是制作豆粥，上加油脂以此祭祀门户；先在左右门户插上水杨枝，根据杨树枝受风飘动所指的方向，再用酒肉食品及插上筷子的豆粥、糕饼等来祭祀，称“望日祭门”。为什么要如此祭祀呢？《齐谐记》记载：正月半，有位神仙降临到以养蚕为业的陈氏家宅，说“若能见祭，当令蚕桑百倍”。《续齐谐记》中也有类似的记载，但是更为详细。在正月十五日，吴县居民张成夜间起来，看见一个妇人立在房宅的东南角，对张成说：“我是这地方之神，明年正月十五，要煮碗白米粥，上面加盖些肉脂来祭祀我，我会使你家蚕业兴隆。”说罢就不见了。张成按照她所说的办法祭祀，从此养蚕年年丰收。由于这个传说的影响，魏晋南北朝时，时人每到正月十五都做粥祭祀，并加肉覆盖在粥上来吃。吃这种肉片盖粥还有个讲究，就是要登上屋顶去吃，边吃边念叨："登高糜，挟鼠脑，欲来不来？待我三蚕老！"据说念叨这种祈神咒语，还可以为蚕驱鼠。显然，他们祭祀的是蚕神。这种习俗是中国农业文化在风俗上的反映。

更有趣的是"迎紫姑"，以卜将来蚕事好坏。按南朝宋人刘敬叔《异苑》的记载，紫姑本是一户人家的小妾，为正房大妇所嫉妒，于正月十五日气愤而死。后人做其形而迎接她。迎时要念咒："子胥（紫姑丈夫之名）不在，曹夫人（即其大妇）已行，小姑可出。"迎紫姑时要在厕所边或猪栏边，如果手中的紫姑形象物变重，就是紫姑神来了。迎紫姑还要在厕所中置破旧衣裳。据说有平昌孟氏曾于正月十五日试迎了一次，紫姑竟"穿屋而去"。看来当时人们对这一点深信不疑。这个为人做妾的紫姑显然是劳动人民按照自己的想象而创造的神，所以她地位卑贱，穿破旧衣服，活动于厕所或猪圈栏旁。也还有一种较为高贵的说法，《洞览》记载：紫姑"是帝喾女，将死，云'生平好乐，至正月可以见迎'"。那么，紫姑又成了一位公主。迎紫姑时厕所里面必须安静，然后才能招来紫姑。《异苑》又说：陶侃入厕，见人自称"后帝"，穿一件单衣，戴平头巾，对陶侃说："三年莫说，贵不可言！"后来陶侃果然发迹，从一个小县吏，渐升为郡太守、荆州刺史。在讨伐苏峻、祖约叛乱时，累立战功，被封为征西大将军，任荆江二州刺史，督八州军事，威名赫赫。他忠于职守，40 年如一日，不饮酒，不赌博，常勉励人要珍惜光阴。当时社会风气崇尚玄学空谈，吏治腐败，而他却政绩卓著，历史上颇负盛名。陶侃是一位著名的历史人物，他是否见到后帝，不必详加考证，但当时人们确有迎紫姑的习俗，把紫姑说成帝之女，不过是抬高紫姑的身价而已。

3 元宵节的盛行

到了隋唐，中国封建社会结束了四百年来的大动乱，天下一统，社会经济逐渐恢复，相继出现了“贞观之治”、“开元盛世”，使汉代形成的元宵节大放异彩。

隋代开国初年，隋文帝提倡节俭治国，对元宵节民间大闹灯火禁止颇严。《隋书·柳彧传》记载：柳彧曾上书文帝，叙述当时京城和各州县，每逢正月十五日夜，人们“充街塞陌，聚戏朋游。鸣鼓聒天，燎炬照地，人戴兽面，男为女服，倡优杂技，诡状异形”、“以秽嫚为欢娱，用鄙亵为笑乐，内外共观，不曾相避”。这位老夫子认为这些丰富多彩的民间百戏及风俗活动有伤风化，至于“高棚跨路，广幕陵云，炫服靓妆，车马填噎，肴醑肆阵，丝竹繁会”，那是浪费人力物力，更不能容忍的是有的人“竭赀破产竞此一时”，有的家庭“尽室并孥，无问贵贱，男女混杂，缁素不分”，都去观看。柳彧请隋文帝下诏禁绝这些节日习俗。隋文帝采纳柳彧的建议，雷厉风行地禁止元宵张灯及娱乐活动。据《隋书·长孙平传》记载：长孙平任相州刺史时有政绩，名声颇佳。只因在州数年，禁元宵节不力，正月十五日，百姓演大戏，引起皇上大怒，将他免官。

值得一提的是，在隋代元宵节中还有一个颇为动人的爱情故事。陈后主（即陈叔宝）有一妹被封为乐昌公主，才貌双全，嫁给太子舍人徐德言为妻。徐德言已经看到南陈政治腐败，灭亡指日可待，便对乐昌公主说：以君之才貌，亡国后必入权豪之家，到那时倘若我们姻缘未绝，如何相见？于是夫妻二人商量，打破一面铜镜，各执一半，作为日后重见的凭证，并约定一旦亡国，二人离散，他日在正月望日（即十五日）卖镜于街市，互相寻访。不久隋文帝派太子杨广（即隋炀帝）和大将杨素灭陈，乐昌公主落入越国公杨素之家。由于她才貌绝世，杨素颇为宠爱。而徐德言却颠沛流离，千里寻妻到京城。这时乐昌公主也日夜思念丈夫，正月十五日，派人以卖破镜为名寻夫于市，为徐德言所见，急忙引到居处，将两个半面镜子合在一起，果然破镜重圆。徐德言兴奋不已，挥毫题诗云：

镜与人俱去，镜归人未归。
无复姮娥影，空留明月辉。

其妻陈氏得诗后，连日涕泣不食。杨素问清缘故，也被他们坚贞的爱情所打动，竟“怆然改容”，招来徐德言，让他们夫妻团圆。这就是成语“破镜重圆”的故事，它之所以发生在正月十五日，正反映了当时元宵节最热闹，所以要在元宵节去寻找亲人。

隋文帝禁元宵节，他的儿子隋炀帝却与他相反，竭力在元宵节铺张奢侈，挥金如土。大业六年（610年）正月，因西域少数民族首领云集洛阳，隋炀帝调集民间艺人进城，于正月十五日在洛阳皇城端门外端门街，举行盛大的百戏。《资治通鉴·隋纪》记载："戏场周围五千步，执丝竹者万八千人。声闻数十里，自昏至旦，灯火光烛天地；终月而罢，所费巨万。"从此一扫汉代敬神礼佛的节日观念，而开元宵行乐之端。所以胡三省注曰："今人元宵行乐，盖始盛于此。"薛道衡《和许给事善心戏场转韵诗》描述当时盛况道，"万户皆集会，百戏尽前来"、"竟夕鱼负灯，彻夜龙衔烛"。精彩的百戏歌舞中既有传统的百兽舞、五禽戏，又有少数民族的艺术表演。"羌笛陇头吟，胡舞龟兹曲"。隋炀帝这位浪荡天子乐陶陶地带着他的成群妃嫔，登楼观灯。他的《元夕于通衢建灯夜升南楼》诗中写道：

法轮天上转，梵声天上来。
灯树千光照，花焰七枝开。
月影疑流水，春风含夜梅。
燔动黄金地，钟发琉璃台。

从这几句诗中可以看出，隋炀帝大闹灯节虽是以娱乐为主，但还受一定的宗教影响，含有燃灯礼佛的意思。因此天上才有旋转的"法轮"，从天上飘来"梵音"。从此以后，每逢正月十五，都要举行大型的乐舞会演。《隋书·音乐志》记载："每当正月，万国来朝，留至十五日，于端门外、建国门内，绵亘八里，列戏为戏场，百官起棚夹路，从昏达旦，以纵观之，至晦（正月三十日）而罢。其歌舞者多为妇人服，鸣环佩，饰以花毦者，殆三万人。"这场为时近一月，每天通宵达旦的演出，仅穿五彩缤纷妇人服的歌舞演出人员就达三万余人，可以想象其规模多么盛大！隋炀帝真不愧是位浪荡天子。他如此不惜民力，为追求享乐，浪费奢靡惊人，通过这个节日也可看出一斑。正因如此，不过十多年，隋王朝的国力、民力、财力被他挥霍殆尽，在隋末农民大起义中，隋王朝的大厦轰然坍塌了。

同西周两汉一样，唐代都城长安也有宵禁制度。据《新唐书·马周传》云："先是京师晨暮传呼以警众，后置鼓代之。"每到傍晚，鼓声一起，上至朝廷官吏，下至市民百姓都必须返回各自住宅。一座百万人口的长安城顷刻间车马匿迹，大街上冷冷清清，出现了"六街鼓歇行人绝，九衢茫茫空有月"的场面。这时，只有负责警卫京师的执金吾将军率领所部左右街使，掌管各街巡逻，依照鼓声启闭大门。宵禁是为了安全，但有时安全也没有保障。唐宪宗元和元年（806年）六月的一个晚上，宰相武元衡在大街上被人刺死，御史中丞裴度也曾夜间遇刺受伤就是例子（见《旧唐书》《武元衡传》与《裴度传》）。

唐代宵禁虽严，但是元宵节前后几日内，却特许驰禁，放三夜花灯，称之为"放夜"。据《太平御览》引唐人韦述《两京新记》："惟正月十五日夜，敕金吾驰禁前后各一日以看灯。"当此之时，"谁家见月能闲坐，何处闻灯不看来"（崔液《上元夜六首》），于是"千门开锁万灯明，正月中旬动帝京"（张祜《正月十五夜灯》）。从王公贵族到平民百姓无不走出坊门，夜游观赏那争奇斗艳的各式花灯，以致车不能掉头，人难以转身。《雍洛灵异小录》记载："唐朝正月十五夜……灯明如昼，山棚高百余尺，神龙以后，复加俨饰，士女无不夜游，车马塞路。"甚至有的人被挤得悬空而起，"有足不蹑地浮行数十步者"。唐代出现这种灯节盛况与当时生产力发达，社会富庶的经济基础是分不开的，加之都城长安人口百万，是当时世界上最大、人口最多的城市。富庶的封建经济使奢靡的社会风俗得到了发展条件，加之封建统治者的提倡，更使元宵节盛况空前。唐初高祖李渊、太宗李世民对元宵放灯尚未大力提倡。据《旧唐书·中宗本纪》记载：唐中宗李显景龙四年（710年）元宵节观灯还是偕皇后微服出行，并借踏月赏灯的机会巡幸大臣萧至忠、韦安石及长宁公主家。但此后不久，就奢侈之风大开。《朝野佥载》记载：睿宗先天二年（713年，即玄宗开元元年）正月十五、十六、十七日，在安福门外做一巨型灯轮，高达20丈，上边缠绕五颜六色的丝绸锦缎，用黄金白银作装饰，灯轮悬挂花灯五万盏，如同五彩缤纷、霞光万道的花树一般。同时，让"宫女数千人，衣罗绮，曳锦绣，耀珠翠，施香粉"，在灯轮下轻歌曼舞，还从长安万年县选出少女妇人千余人，在灯轮下踏歌三日。当时洛阳盛况是“他乡月夜人，相伴看灯轮，光随九华出，影共百枝新”，以致“歌钟盛北里，车马沸南邻”（韩仲宣《上元夜效小庾体同用春字》）。“月下多游骑，灯前绕看人，欢乐无穷已，歌舞达明晨”（崔知贤《上元夜效小庾体同用春字》）。《辇下岁时记》还记载：唐睿宗上安福门观灯，让太常作乐歌，宫女歌舞，朝士中能文者填写踏歌词，踏歌“声调入云”。当这种元宵观灯的奢靡之风刚刚抬头时，就有人谏阻反对。《新唐书·严挺之传》记载：先天二年（713 年）正月，太上皇唐睿宗燃千灯，弛门禁，大酺御宴，在安福门观灯“昼夜不息，阅月未止”。严挺之就上疏规谏，他认为这样“暴衣冠、罗伎乐、杂郑卫之音，纵倡优之玩”，宜“深戒慎行”。因为如此奢侈大闹灯火，导致并加剧了“府县里闾，课赋严苛，呼嗟道路”，使一些贪官污吏乘机扰民。甚至会“坏家产，营百戏，扰方春之业。欲同其乐，反而遗其患”。他还陈奏元宵节大张灯火有五不可行，言词甚切！看来当时皇帝为了娱乐，确实给人民带来了一定的灾难。但是，唐玄宗初即帝位，不好阻拦他的父亲，况且，他自己也是一位风流天子，元宵灯火更是盛况空前。

唐睿宗制作灯轮，唐玄宗更胜一筹，出现了“灯树”、“灯楼”，花样翻新，层出不穷。唐玄宗在兴庆宫建有两座名楼，一是勤政务本楼，一是花萼相辉楼。勤政务本楼顾名思义原是唐玄宗为励精图治而建造，他也确实曾在这里宵衣旰食，开创了开元天宝之盛世。可是，据《旧唐书·音乐志》记载：唐明皇（玄宗）每年上元节，至勤政楼观灯作乐，“遣宫女于楼前缚架，出眺歌舞以娱之”。郑处诲《明皇杂录》、韩鄂《岁华纪丽》及《灯影记》等书记载：唐玄宗时，南方工匠毛顺，善于巧思设计，以缯采结为灯楼。这座灯楼广达20间，高达150尺，灯楼上悬挂着珠玉、金银穗，微风吹来，金玉铮铮作响。灯上又绘龙凤虎豹，作腾跃之状，栩栩如生。整个灯楼设计构造可谓巧夺天工！除灯楼之外，唐玄宗还在东都“大陈灯影，设庭燎，自禁中至于殿廷，皆设蜡炬连属不绝”。既然皇帝提倡，就会上行下效。皇亲国戚也竞相夸富斗奇，灯火设计，各尽巧思。五代后周时王仁裕的《开元天宝遗事》记载：杨贵妃之兄权相杨国忠的子弟，“每至上元夜，各有千炬红烛，围于左右”。而杨贵妃的大姐韩国夫人更别出心裁，制作“百枝灯树”，高达80尺，将其“树之高山，上元夜点之，百里皆见，光明夺目也”。民间花灯也是花样层出不穷。长安城中彻夜辉煌如昼。苏味道在《正月十五夜》诗序中写道：“京城正月望日，盛饰灯火之会，金吾驰禁，贵戚及下里工贾，无不夜游。车马骈阗，人不得顾，王主之家，马上作乐，以相夸竞，文士皆赋诗以纪其事。”苏味道所述的还是中宗神龙年间之事，到了玄宗开元天宝年间景况更盛了。我们再欣赏一下苏味道描写上元夜的诗作：

火树银花合，星桥铁锁开。
暗尘随马去，明月逐人来。
游骑皆秾李，行歌尽落梅。
金吾不禁夜，玉漏莫相催。

这首诗把唐代元宵夜灯火的盛况和游人的兴致描述得淋漓尽致。唐代长安不仅花灯品种繁多，而且在灯光下有乐舞百戏。成千上万的宫女及民间少女在辉煌如昼的灯火下边歌边舞，这些歌舞有的叫“行歌”，有的称“踏歌”。如前所述，唐玄宗先天年间让宫女及从万年县选来的民女在灯光下踏歌。这些歌女们一副花冠、一巾霞帔皆值万钱，甚至装饰一名踏歌的歌伎也要花三百贯。并且在勤政务本楼和花萼相辉楼前建造“灯楼”，“遣宫女楼前歌舞以娱之”。据《明皇杂录》记载：唐玄宗在东都洛阳“大酺五凤楼下，命三百里县令刺史率其声乐来赴阙”，还让这些声乐歌舞队比较胜负，进行赏罚。当时河内郡郡守令乐工数百人坐在牛车上，皆身穿锦绣，连挽车的牛都蒙披虎皮，或者装饰成犀象形状。在长安，唐玄宗设宴大酺则上勤政务本楼，“金吾及四军士兵，列明阵仗，盛列旗帜，皆披黄金甲，衣短绣袍，太常陈乐”。有时让“府县教坊，大陈山车旱船，寻橦走索，丸剑角抵，戏马斗鸡。又令宫女数百，饰以珠翠，衣以锦绣，自帷中出”。然后箫韶齐奏，钟鼓齐鸣，“击鼓为破阵乐、太平乐、上元乐。又列大象、犀牛入场，或拜舞，动中音律”。在这种元宵夜灯火辉煌、载歌载舞之时，文人献踏歌词，吟诗作赋，倍添雅兴。唐代诗人张说《踏歌词》，就生动描述了兴庆宫前观歌舞的盛况：

花萼楼前雨露新，长安城里太平人。
龙衔火树千重焰，鸡踏莲花万岁春。
帝宫三五戏春台，行雨流风莫妒来。
西域灯轮千影合，东华金阙万重开。

当时，这种御前所献的踏歌词很多，不多赘述。在唐代，不仅京师长安、东都洛阳元宵节十分热闹，全国城乡也都很隆重。羊士谔《上元日紫极宫门观州民燃灯张乐》写道："山郭通衢隘，瑶坛紫府深。灯花助春意，舞绶织欢心。"看来州县山区也是如此。白居易描写杭州的《正月十五夜月》写道："灯火家家市，笙歌处处楼。无妨思帝里，不会厌杭州。"诗人甚至把杭州元宵节之盛与京师并提了。"三百内人连袖舞，一时天上著词声"（张祜《正月十五夜灯》）。这优美的民间舞蹈、悠扬动听的歌声，伴随着唐代人民度过了欢乐的节日之夜。值得一提的是，唐代元宵节期间，民间还兴起了拔河比赛。拔河又称"牵钩"之戏。《封氏闻见记》记述唐代正月望日民间以四五丈长的大麻绳，两头分系小绳数百条，人们分两队，"两钩齐挽，大絙中立大旗为界，震鼓叫噪，使相牵引，以却者为输，名曰拔河"。这种牵钩之戏在唐代才有了拔河之名，并成为元宵节娱乐活动的一项主要内容。

在元宵节的风俗影响下，唐代日常照明的灯烛也出现了新花样。一些王公贵族用木雕成侍婢形象的灯架，称之为“灯婢”。《开元天宝遗事》就记载有：“宁王宫中，每夜于帐前罗木雕矮婢，饰以彩绘，各执华灯，自昏达旦，故名之为灯婢。”近年来考古工作者也不断发现汉唐花样别致的古灯。

宋代的元宵节发展到历史上一个新的阶段。《宋史·礼志》记载宋沿袭唐代“上元前后各一日，城中张灯”。但其盛况却与唐代不同。“大内正门结彩为山楼，影灯起露台，教坊陈百戏”。在灯节期间，宋代皇帝不仅与民同观灯，还形成了一定的礼俗。皇帝在元宵节，先到寺观行香，再登御楼或东华门的东西角楼，与近臣宴饮。这时四夷藩客各按照本国歌舞队形列于楼下。东华门的左右掖门和东西角楼城门、大道、大宫观寺院，“悉起山棚，张乐陈灯，皇城雉堞，亦遍设之。其夕，开旧城门达旦，纵士民观。后增至十七、十八夜”。

宋代元宵节不仅放灯时间延长，而且灯笼制作比唐代更为豪华。孟元老《东京梦华录》对宋东京元宵节盛况进行了详细的叙述，当时开封府为了元宵节大放花灯，从年前冬至时就开始“绞缚山棚”，“立木正对宣德楼”。到了元宵节，“游人已集御街，两廊下奇术异能，歌舞百戏，鳞鳞相切，乐声嘈杂十余里”。在棚上张灯结彩，叠成山林形状，称之为“灯山”，灯山点燃之后，万灯齐明，“金碧相射，锦绣交辉”。灯山还彩绘神仙故事。皇宫内的灯山更是奇妙多姿。以彩带结成文殊菩萨跨狮子、普贤菩萨骑白象等，特别令人惊奇的是菩萨手臂能活动自如，手指出水五道。工匠们用辘轳绞水，送到灯山上的木制大水柜中，按时放水，水从佛像的手臂绕出，飞流直下，喷珠溅玉，状如瀑布。这是我国最早的人工喷泉技术。此外有火龙灯，用草把缚成戏龙，用青布为罩，在草龙上插灯烛数万盏，点燃后就变成一条火龙。从灯山到宣德门大街方圆一百多丈的范围内用棘刺围绕起来，称“棘盆”。里边立有高达数十丈的长竿，上结彩缯，用纸糊百戏人物，随风飘动，宛若天上飞仙。在相国寺大殿前还设有乐棚，两廊有“诗灯牌”。上书“天碧银河欲下来，月华如水照楼台”、“火树银花合，星桥铁锁开”之类的诗句。其制作方法是先在木牌上镂空成字，再用纱、绢罩贴，点燃灯火，依次排列。在宣德楼还挂有一丈方圆的巨大灯球，内燃蜡烛，粗如木椽。宣德楼下，又用枋木垒成一座露台，彩结栏槛，两旁禁卫军排列守卫，皇帝可在此观灯。台下百姓观看。当时皇帝元宵观灯还有一种仪式，称为“踏五花”。从正月十四日开始放灯，皇帝车驾要先到五岳观迎祥池，宫中文武官员及侍从官员都要穿戴节日盛装随驾而行。到了灯山，御辇要围绕灯山转一圈，倒行观灯山，叫做“鹁鸽旋”，或称“踏五花儿”。吴曾《能改斋漫录》还记载宋代元宵花灯样式有五色琉璃灯、白玉灯、走马灯，灯上绘有山水人物、花卉翎毛等。《东斋录》记载宋仁宗正月十四日观灯也宣称“朕非游观，与民同乐耳”。所以对元宵观灯者都予以赏赐。《高斋漫录》

记载：宋神宗熙宁间上元夜，宣仁太后在御楼张灯，给张灯多者赏绢一匹，少者也赏赐乳糖狮子两个。这时受赏者还是少数。宋徽宗赵佶尤为大方。每年元宵夜，宋徽宗亲自上宣德楼观灯并赐酒，每个在楼下仰窥“圣颜”的仕女，都能获得御酒一杯。《桯史》中记有这样两则轶闻：有一对夫妻元宵同游观灯，在人流中走散。其妻到端门，正好碰上宋徽宗赐酒。她喝完御酒后，乘机将赐酒的金杯偷了一盏，被卫士发现了，扭送到御前盘问。这位妇女急中生智，吟诵了一首《鹧鸪天》词：

> 月满蓬壶灿烂灯，与郎携手至端门。贪看鹤阵笙歌舞，不觉鸳鸯失却群。天渐晓，感皇恩，传宣赐酒饮杯巡。归家恐被翁姑责，窃取金杯作证明。

宋徽宗当时正在兴头上，听罢这首词，不但没有惩办这位妇女，反而“以金杯赐之”。另一则发生在宋神宗年间，元宵张灯，观灯者人山人海。礼部侍郎王韶的幼子王寀刚会说话，头戴珠帽，身穿锦衣，让家人扛在肩上观灯。家人在潮水般的人流中只顾观灯，王寀被奸人抢走了。王寀马上把头上戴的珠帽揣进怀里，到了东华门附近刚好遇上皇宫内的车马，王寀大呼，奸人骇惧，扔下孩子逃走，王寀随车队进入皇宫，宋神宗一问，方知是王韶之子，感到他聪明可爱，赐给压惊钱，送他回家，并下令开封府捕贼。这反映了宋代元宵观灯人山人海的盛况。

北宋一代，皇帝爱观灯，以大张灯火来粉饰太平，上行下效，各地奢靡之风也十分炽盛。《却扫编》记载：宋哲宗赵煦元祐年间，蔡京以待制守永兴，恰值元宵节一连三日阴雨淋漓，无法出游观灯。十七日雨止，蔡京就令再张灯两夜。当时府吏禀告说长安大府平常张灯用油都是预先准备的，今临时要灯油恐怕一时难以办到。府库里贮油虽多，但依法不得擅自挪用。蔡京听后立即命取府库存油放灯两夜。蔡京违法用油被转运使弹劾到朝廷，结果是“帅臣妄用油数千斤，何足加罪”，一言了事。既然蔡京违法耗油数千斤无罪，地方官就更不在乎了。《鼍氏客话》里就记有这样一桩趣事。蔡君谟任福州知州时，在上元节令民间每家必须点灯七盏。当时有人制作一盏大灯笼，径长丈余，并题了一首诗：

富家一盏灯，太仓一粒粟。
贫家一盏灯，父子相对哭。
风流太守知不知，
犹恨笙歌无妙曲。

不过，这位知州蔡君谟脸皮较薄，见了讽刺诗，还能知错即改，回府就下令罢灯。陆游《老学庵笔记》中记载了一位比蔡君谟脸皮要厚十倍的知州，名叫田登。田登做州官时，不许人提他的名讳，因为“登”与“灯”同音，全州的人只好称灯为火。到元宵节放灯时，衙吏为避其名讳不敢写放灯，于是告示写道："本州依例放火三日。"后来人们便把"只许州官放火，不许百姓点灯"当做一句成语，比喻统治者可以任意做坏事，而老百姓的正当行为却要受限制。

到了南宋，统治阶级还不如北宋，拼命搜刮民脂民膏，"不时之需，无名之敛，殆无虚日"。甚至到了"无屋而责屋税，无丁而责丁税"（《系年要录》卷四三）的地步。他们把搜刮来的百姓血汗，任意挥霍。南宋预赏元宵的时间比徽、钦二帝时还长。据周密《乾淳岁时记》记载：南宋时，从九月赏菊灯之后，就开始试灯，称作"预赏元宵"，一入新年正月，"灯火日盛"。那些宫廷诸司官吏们不理政务，但对元宵灯火却是"竞出新意，年异而岁不同"。正因为如此，南宋花灯式样翻新，品种极多，不胜枚举。在皇城的宣德门、梅堂、三间台等处，修起"鳌山灯"。在众多的灯式中，以苏州进奉的最好，用五色玻璃制成的灯圈片大者直径达三四尺，上面绘山水、人物、花卉、翎毛种种奇异形象。而福州进奉的灯又高一筹，用白玉制成，"显耀夺目，如清冰玉壶，爽彻心目"。可是新安进奉的灯更奇异，巨大的灯圈全用玻璃制成骨架，内燃灯烛后，明亮无比，为花灯中一绝，被称做"无骨灯"。在皇帝禁宫又别出心裁，制作了一座"琉璃灯山"，高达五丈。灯山上的各种人物都有活动机关，可以运动自如。然后又结成一座大彩楼，在殿堂、梁栋、窗户间作诸色故事，"有龙凤噀水，蜿蜒如生，为诸灯之冠”。在琉璃灯山与彩楼前后又设置玉栅帘、宝光花影，令人眼花缭乱。在这里又派伎乐演奏新曲，乐声可达数里。在大殿上又有五色琉璃阁，上有二龙戏珠，百花争艳，有的垂以水晶帘。流苏宝带，烛光璀璨，交相辉映。真有如在广寒宫的清虚玉府之中！当皇帝出来观灯时，乘坐小辇，从宣德门观鳌山灯开始，一直倒行以便观赏。这时金炉中瑞脑香烟，如五色祥云，灯火煌煌，照耀天地！“小灯凡数百千种，极其新巧，怪怪奇奇，无所不有”。

值得一提的是，由于宋代从京师到民间都十分重视元宵放灯，因此有专门的“灯市”。如《乾淳岁时记》记载：在都城从年前孟冬（十月）开始，“天街茶肆渐已罗列灯球等求售，谓之灯市。自此以后，每夕皆然”。在灯市上，舞女乐伎往来最多，卖舞卖唱。每晚从灯火初上，箫鼓齐奏，歌女舞女纷纷献技。豪商富贾，纨绔子弟，纷纷买笑追欢，到更深四鼓方止。因此姜白石有诗云：

灯已阑珊月气寒，舞儿往往夜深还。
只因不尽婆娑意，更向街心弄影看。
南陌东城尽舞儿，画金刺绣满罗衣。
也知爱惜春游夜，舞落银蟾不肯归。

灯市不仅在京师很盛，在其他各地也颇为风行。范成大在《吴郡志》中说：苏州罗灯在宋代闻名天下，能工巧匠们在罗帛上剪镂百花等极其细巧的图案。点燃蜡烛后，放射万道灯光，人们称之为“万眼罗”。福州的“白玉灯”，新安的“无骨灯”，像春兰秋菊，各有秀色。此外，宋代灯市上值得称道的还有类似皮影戏的五彩羊皮灯、丝灯、走马灯等，颇受人们喜爱。范成大在《灯市行》中写道：

吴台今古繁华地，偏爱元宵灯影戏。
春前腊后天好晴，已向街头作灯市。

更重要的是宋代兴起了烟火，火药在唐宋节日娱乐中，得到广泛应用。不仅制成炮仗，而且制作烟火。《乾淳岁时记》记载：“宫漏既深，始宜放烟火百余架，于是乐声四起，烛影纵横，而驾始还。”不但宫中放，民间也放。当时的烟火到底有哪些花色品种，尚不可知。仅就游人仕女都被吸引住这一点来看，那情景是非常动人的。

宋代虽然国家积贫积弱，北有辽金之强敌，西有西夏之威胁，每年输绢纳币，以买太平，到了南宋时偏安东南一隅，苟延残喘，朝廷昏暗，吏治腐败，但是由于从皇帝到王公贵戚、达官贵人都喜欢纵情娱乐，因而对元宵节风俗的发展产生了深远影响。

除了花灯与烟火，宋代元宵节风俗活动还有“打灯谜”和杂技演出。

灯谜就是将谜语贴在花灯上，让人们一边赏灯，一边猜谜。谜底多着眼于文字意义，如一个字、一句诗、一个物或一个名称。由于灯谜难以猜中，如同老虎难以被射中一样，所以也将“灯谜”称“灯虎”。灯谜是谜语的一种。南朝梁刘勰《文心雕龙·谐隐》云：“自魏以来，颇非俳优，而君子嘲隐化为谜语。谜也者，回互其辩，使昏迷也。”这里所说的“隐”即“隐语”，或称“庾词”，是谜语的古称。汉代东方朔就善隐语，被班固称为“滑稽之雄”。他曾与汉武帝宠臣郭舍人说隐语于武帝前，深得武帝的信任。到了宋代，谜语成了元宵游戏内容之一。把谜语书笺贴在元宵彩灯上供人猜射，起源于宋仁宗时代。据王文濡撰《春谜大观序》：“旧籍相传，宋仁宗时……上元佳节，金吾放夜，文人学士相与装点风雅，歌颂升平，拈诗成谜，悬灯以招猜者。”再者，从苏轼与秦观的书翰中，从苏轼、秦观、黄庭坚、王安石四人刊印的谜书《文戏集》中，参证《东京梦华录》记载北宋开封的猜谜活动，可以看出灯谜在北宋已勃兴。到了南宋，《武林旧事·灯品》中记载当时杭州节日风俗说：“有人以绢灯剪写诗词，时寓讥笑，及画人物，藏头隐语，及旧京深语，戏弄行人。”这里的“藏头隐语”即指灯谜而言。《嘉定县志》云：“正月十五日为上元节，先数日卖灯谓之灯市……好事者或以藏头诗句悬杂物于灯，任人商揣，曰灯谜。”自此以后，每逢元宵节，全国各地大都举行“灯谜”活动。明清相沿袭，形式多样，内容更加丰富。据《剪胜野闻》记载：明太祖朱元璋有一次在上元夜微行观灯。有一处灯谜画了一个赤足妇人，怀抱一个大西瓜，人们猜不出是什么意思。朱元璋进去一看大怒，因为他的马皇后是淮西人，他自己幼年又当过和尚。他怀疑这“怀西瓜”是隐喻“淮西”，又用西瓜隐喻光头，于是第二天就下令大戮居民，“空其室”。本为民间娱乐，无意之间，招来一场横祸，充分表现了封建统治者的残忍无道。到了清代，康熙、乾隆皇帝也喜欢猜谜、作谜语。传说乾隆作过一个数字谜语，其词云：“下珠帘焚香去卜卦，问苍天侬的人儿落在谁家？恨玉郎全无一点知心话，欲罢不能去，吾把口来压！论交情不差，染成皂难讲一句清白话！分明好鸳鸯却被刀割下，抛得奴力尽才又乏。细思量口与心俱是假。”这是一篇男女绝情词，每一句为一数字，其谜底为一、二、三、四、五、六、七、八、九、十（见《数字谜语》，1987 年 2 月 4 日《中国文化周报》）。

宋代以后，汉民族的元宵节对少数民族也有了很大的影响。以前少数民族并无过元宵节放灯之俗。1124 年，有一个中原和尚被女真人掠到金国都城（今黑龙江阿城附近），恰逢上元节，他制作了一个大灯球用高竿挂起来，金国皇帝吴乞买以为这是汉人聚众哗变的信号，就把这个和尚杀了。金人南下之后，明白了这是汉人元宵节张灯娱乐，也跟着过起元宵节来。蒙古人入主中原以前，也不过元宵节。据《元史·张养浩传》记载：元英宗即位后，适值元宵，即在“内庭张灯为鳌山”。

到了明代，元宵节放灯从正月初八到十八，延长为十天。《明会典》记载：永乐七年诏令元宵节自正月十一日起给百官赐假十日，以度佳节。

尽管诗人有生花妙笔，也难以写尽十日元宵张灯盛况。但是，还有一点值得注意，明代元宵节又增添了要狮子的娱乐项目。明末人张岱在《陶庵梦忆》中记载了当时灯节要狮子、放烟火、鼓吹弹唱，挤挤杂杂，大街小巷，通宵以乐。关于明代元宵灯火盛况虽然在笔记中有大量记载，但是，远不及当时文学作品中描述得细腻动人。明代小说、戏剧中有许多关于元宵佳节的叙述，我们不一一尽举，仅以《金瓶梅词话》为例。《金瓶梅词话》作者是谁，尚无定论。但是它成书于16世纪的明代当属无疑。书中所展现的当时城市居民的政治、经济、文化生活、风俗人情相当真实可信。书中关于元宵灯火之盛，曾有大量的描述。像第15回《佳人笑赏玩灯楼》写吴月娘、李瓶儿、潘金莲登楼观灯市：

> 只见那灯市中人烟凑集，十分热闹。当街搭数十座灯架，四下围列些诸般买卖。玩灯男女，花红柳绿，车马轰雷，鳌山耸汉，怎见好灯市？但见：山石穿双龙戏水，云霞映独鹤朝天。金莲灯、玉楼灯，见一片珠玑；荷花灯、芙蓉灯，散千围锦绣。绣球灯，皎皎洁洁；雪花灯，拂拂纷纷。秀才灯，揖让进止，存孔孟之遗风；媳妇灯，容德温柔，效孟姜之节操。和尚灯，月明与柳翠相连；通判灯，钟馗共小妹并坐。师婆灯，挥羽扇，假降邪神。刘海灯，倒背金蟾，戏吞至宝。骆驼灯、青狮灯，驮无价之奇珍，咆咆哮哮；猿猴

> 灯、白象灯，进连城之秘宝，玩玩耍耍。七手八脚螃蟹灯，倒戏清波；巨口大髯鲇鱼灯，平吞绿藻。银蛾斗彩，雪柳争辉。双双随绣带香球，缕缕拂华幡翠穗。村里社鼓，队共喧闹；百戏货郎，庄齐斗巧。转灯儿一来一往，吊灯儿或仰或垂。琉璃瓶映美女奇花，云母障并瀛洲阆苑。……向西瞧，羊皮灯、掠彩灯，锦绣夺眼。……卦市云集，相幕星罗；讲新春造化如何，定一世荣枯有准。卖元宵的高堆果馅，粘梅花的齐插枯枝。剪春蛾，鬓边插闹东风；祷凉钗，头上金光耀目。围屏画石崇之锦帐，珠帘绣梅目之双清。虽然览不尽山景，也应丰登快活年！

《金瓶梅词话》中这一段描写可谓酣畅淋漓，曲尽灯市繁华之妙。不过，这里只写了灯市上的灯，明代元宵节的烟火又如何呢？请看《金瓶梅词话》第42回《豪家拦门玩烟火，贵客高楼醉赏灯》中描写西门庆一家所放的烟火：

> 都说西门大官府在此放烟火，谁人不来观看。果然扎得停当好烟火，但见：一丈五高花桩，四围下山棚热闹。最高处一只仙鹤，口里衔一封丹书，乃是一枝起火，起去萃山律一道寒光，直钻透斗牛边。然后正中一个西瓜炮迸开，四下里人物皆着，觱剥剥万个轰雷皆燎彻！彩莲舫，赛月明，一个赶一个，犹如金灯冲散碧天星；紫葡萄，

万架千株，好似骊珠倒挂水晶帘箔。霸王鞭，到处响亮；地老鼠，串绕人衣。琼盏玉台，端地旋转好看；金蛾银蝉，施逞巧妙难移。八仙捧寿，各显神通；七圣降妖，通身是火。黄烟儿，绿烟儿，氤氲笼罩万堆露；紧吐莲，慢吐莲，灿烂争开十段锦。一丈菊与烟兰相对，火梨花共落地桃争春。楼台殿阁，顷刻不见巍峨之势；村坊社鼓，仿佛难闻欢闹之声。货郎担儿，上下光焰齐明；鲍老车儿，首尾迸得粉碎。五鬼闹判，焦头烂额见狰狞；十面埋伏，马到人驰无胜负。总然费却万般心，只落得火灭烟消成灰烬！

上面引文中加点者都是炮仗名或烟火名。根据上面提到的炮仗及烟火名称，我们就可以推知当时烟火技术的发达景象了。窥一斑而识全豹，通过《金瓶梅词话》中对元宵花灯烟火的描述，我们展开思维的金翅，可以想象明代元宵节的种种豪华盛况。

清代，满族入主中原，对汉族的元宵节活动也全盘接收了。但是，清代放灯时间已没有明代十日之久。据《燕京岁时记》记载：清代是“自十三至十七均谓灯节，惟十五日谓之正灯耳”。也就是说清代放灯时间只有五夜，只有十五夜才算正节放灯。“每至灯节，内廷筵宴，放烟火，市肆张灯。而大街之灯，以东四牌楼及地安门为最盛”。各式各样的彩灯，多用纱绢、玻璃、明角做成，上面绘有古今人物故事。在清代令人眼花缭乱的花灯中，最值得一提的是冰灯。因为满族原居东北黑龙江一带，气候寒冷而冰多，因此有冰灯之俗。满族入主中原后，冰灯也传入中原。北京当时有能工巧匠制作冰灯，“结冰为器，裁麦苗为人物，华而不侈，朴而不俗，殊可观也”。正月元宵，中原草木萌春，南方已花枝待发，而东北仍处于一个千里冰封、万里雪飘的世界。因此，东北现在每年元旦至元宵，都举行冰灯会，不过花样早已现代化了。既有雄伟壮观的大型建筑群，又有玲珑别致的小冰灯。古今传奇人物造型栩栩如生，神话雕塑引人入胜，冰制花卉千姿百态，动物造型惟妙惟肖，是一个五光十色、美不胜收的冰灯世界。

清代烟火继承了宋、明的“各色烟火，竞巧斗奇”。《燕京岁时记》中记载的有盒子、花盆、烟火杆子、穿绒牡丹、水浇莲、金盘落月、葡萄架、旗火、二踢脚、飞天十响、五鬼闹判、八角子、炮打襄阳城、天地灯等诸多炮仗烟火。清人潘荣陛《帝京岁时纪胜》中说：当时爆竹有双响震天雷、升高三级浪等；还有响而不起于地上盘旋的地老鼠，在水中可盘旋者称水老鼠。此外霸王鞭、竹节花、泥筒花、金盆捞月、叠落金钱，“种类纷繁，难以悉举”。挑担沿街叫卖烟火者，有当面放大梨花、千丈菊的。为了招徕顾客口中还喊道：“滴滴金，梨花香，买到家中哄姑娘。”每到元宵之夜，上自宫廷、达官显贵，下至庶民百姓，都走出家门，涌上街头，观看烟火。而街上处处火树银花，车马喧嚣，笙歌聒耳，通宵达旦。

清代元宵节，民间的娱乐活动增添了大量的新内容。前面提到明代元宵节已有舞狮子的活动，到了清代，从元旦到元宵节，舞狮子、舞龙、闹社火、踩高跷、跑旱船、扭秧歌、打腰鼓等活动都涌到节日期间，每日社火不断，锣鼓喧天。像《清嘉录》描写灯节的诗中就有："看残烛火闹元宵，划出旱船忙打招，不放月华侵下界，烟竿火塔又是桥。"有关清代这方面的民俗资料及史料甚多，不再一一引述。近现代以至今天，我国传统灯节，仍然十分隆重。城乡挂花灯已较少点红蜡烛，而是代之以电灯泡，然而花灯造型却是日新月异，岁岁不同。烟火种类更多。古代要狮子、舞龙灯、闹社火之风更盛，尤其是乡村农民闹社火、踩高跷，走乡串镇，往往络绎数十里不绝。陕北安塞腰鼓，引起中外艺术家的重视，江南扭秧歌，是节日人们喜闻乐见的娱乐活动。而舞狮子、舞龙灯更是盛大节日中必不可少的项目。这些活动都与我国古代节日遗俗有着密切的血缘关系。

四　清明节

在春光明媚、桃红柳绿的三四月间，中国传统习俗中最重要的节日就是“清明节”了。按公历来说，它在每年的四月五日前后，夏历则是三月上半月的节气。

从节气来讲，清明是我国历法中特有的二十四节气之一。由于二十四节气比较客观地反映了一年四季气温、降雨、物候等方面的变化，所以古代劳动人民用它安排农事活动。《淮南子·天文训》云：“春分后十五日，斗指乙，则清明风至。”即清明是春分后15天，为清明节气。按《岁时百问》的说法：“万物生长此时，皆清洁而明净。故谓之清明。”清明一到，气温升高，雨量增多，正是春耕春种的大好时节。故有“清明前后，点瓜种豆”、“植树造林，莫过清明”的农谚。可见这个节气与农业生产有着密切的关系。

但是，清明作为节日，与纯粹的节气又有所不同。节气是我国物候变化、时令顺序的标志，而节日则包含着一定的风俗活动和某种纪念意义。从这个方面讲，我国按传统划分的二十四节气中，俗演为节日的只有清明。在清明节里，讲究进行禁火、扫墓、踏青、荡秋千、蹴鞠、打马球、插柳等一系列风俗活动。因此，这个节日中既有祭扫新坟生别死离的悲酸泪，又有踏青游玩的欢笑声，是一个十分富有特色的节日。

1 清明节的扫墓与禁火

探讨清明节的形成发展过程，也是十分特殊的，如前所述，清明本是二十四节气之一，但因注入了寒食禁火、扫墓习俗后，二者合二为一，才形成了清明节。在墓前祭祀祖先谓之扫墓或称墓祭、扫拜，这个习俗在中国起源甚早。宋人高承《事物纪原》研究认为：古无墓祭，拜扫之俗起于东汉。其实并非如此。早在西周时对墓葬就十分重视，设冢人、墓大夫分别掌管王、侯、卿大夫、士的公墓和庶民的邦墓。《周礼·春官·冢人》记载："凡祭墓，为尸。""尸"就是神主。可见早在西周时已有祭墓之俗。而《礼记·檀弓下》记载颜渊与子路的对话中，曾提及"哭墓"、"展墓"、"式墓"，前两者就是扫墓，而"式"即"轼"，轼墓就是凭借车前横木向坟墓行礼，也属于扫墓的范围。《孟子·离娄下》中讲了一个为人所耻笑的齐国人，常到东郭坟墓间，乞食祭墓的祭品，虽然这个乞食祭墓品的齐人成为人们的笑料，但从他的所为也可以证明战国时代扫墓之风十分盛行。

秦汉时代，扫墓的风俗注入了礼俗的内容。《后汉书·明帝纪》注引《汉官仪》云："古不墓祭，秦始皇起寝于墓侧，汉因而不改。诸陵寝皆以晦、望、二十四气、三伏、社、腊及四时上饭。”这是当时供奉陵园的礼制。因此，汉光武帝刘秀于建武十年（34 年）至长安“事十二陵，躬祭于墓边”（《后汉书·光武纪》）。尽管汉代没有确定寒食之日，但汉人重视祭祖是可以肯定的。如严延年要从京师跋山涉水，不远千里“还归东海扫墓地”（《汉书·严延年传》）。东汉光武帝刘秀以孝立国，更是提倡扫墓。宋代邵伯温在《闻见录》中谈道：“汉光武初继大业，诸将出征，有乡里者，令拜扫以为荣。”当时上行下效，拜扫祭墓之风勃兴。由于汉代人把祭扫祖先坟墓看得很郑重，所以王充《论衡·四讳》记载有因犯罪判刑者，不可上坟墓祭扫的礼俗。

魏晋南北朝时期，社会分裂，军阀割据，烽火连年，尽管如此，但人们对扫墓之风依旧重视。许多在职官员，常请假回乡扫墓。《魏书·高阳王传》记载：“任事之官，吉凶请假，定省扫拜，动辄历十旬。”他们请假回乡扫墓，一去就达百日。而到了唐代，拜扫之风从达官显贵到庶民百姓都已十分盛行，并且将拜扫的日期定为寒食节。据《旧唐书·玄宗纪》载，寒食节上墓拜扫，礼经无文，但近代相沿，积久成俗。士庶之家，每逢寒食节无不祭扫。鉴于此俗已久，唐玄宗遂于开元二十年（732 年）下诏：“士庶之家，宜许上墓，编入五礼，永为常式。”自此，寒食扫墓用诏令形式正式确定下来，并索性列入五礼之中。每逢清明节到来，“田野道路，士女遍满，皁隶佣丐，皆得上父母丘墓”（柳宗元《与许京兆书》)。扫墓成了一时最重要的社会风尚。值得注意的是寒食节与清明节本为两个节日，但就扫墓而言，到唐代已合二为一了。

寒食节究竟是哪一日，一说是清明的前一日，一说清明前两日，说法不一。南朝梁宗懔《荆楚岁时记》云：“去冬节一百五日，即有疾风甚雨，谓之寒食。禁火三日，造饧大麦粥。”此寒食节的来历。据晋地民间流传是纪念晋国介子推的节日。春秋时，介子推辅佐重耳，在外流亡19年。一次，他们迷路于山中，粮绝无援，重耳饿得头晕眼花，于是，介子推偷偷地从自己大腿上割下一块肉，用火烤熟为重耳充饥。19年后，重耳回国即位，是为晋文公，在封赏功臣之时，独独忘掉了介子推。介子推隐入山中，不肯复出。晋文公为逼介子推出山受封赏，下令放火烧山，介子推抱树死于火海中。晋文公看到如此铮铮忠骨、高风亮节的介子推惨死，禁不住百感交集，伤心至极！为了悼念他，遂下令禁止在介子推逝去日生火煮食，只吃冷饭，以后相沿成俗，称为“寒食禁火”。其实，这一传说并不可靠，因为《左传》、《史记》中并无介子推被焚的记载。到了汉代，刘向《新序》及桓谭《新论》中始提及介子推被焚事，仅寥寥数语，也没有把介子推之死与寒食禁火相联系。到了汉末，蔡邕的《琴操》将禁火之事与介子推附会在一起。不过，蔡邕并没有把禁火时间放到清明节前一两日的寒食节，只是说：“五月五日不得举火。”而《后汉书·周举传》记载周举任并州刺史时，太原一郡民间旧俗有“龙忌之禁”，在介子推离世之月，咸言神灵不乐举火。因此士民每冬中辄有一月寒食。但太原冬天寒冷，老小病弱者不堪寒食，致使疾病蔓延，危害甚大。周举到任后，了解到这一情况，于是作吊书，亲自到介子推庙祭奠，言“盛冬去火，残损民命，非贤者之意”。并宣示民众使回家温食过冬，从此“风俗颇革”。倘若这一记载不误，那么寒食禁火又在严寒的隆冬之时，也不在春末的清明节前一两日。魏武帝曹操《明罚令》有：“闻太原、上党、西河、雁门冬至后百五日皆绝火寒食云为子推。”曹操为此下禁绝火令，“令到人不得寒食。犯者，家长半岁刑，主吏百日刑，令长夺一月俸”。陆翙的《邺中记》亦云：“俗冬至后百五日，为介子推断火冷食三日，作干粥，今糗是也。”可见寒食节确定为清明前一两日是在魏晋之时。大约到了晋代，因晋朝与春秋时晋国同有“晋”字，人们深信关于介子推的传说，寒食节禁火相沿成俗。

2 清明节俗与娱乐活动

到了唐代，寒食、清明两个节日就合二为一了，从节日风俗来说，基本上是一回事。据《癸辛杂识》记载，清明节时，太学也要放假三日，武学一日。晋地寒食禁火尤为严格，升平时要禁火七日，丧乱之世也要禁三日。相传火禁不严，则有风雹之灾。所以村社的长辈每到此节，用鸡毛翎到各家灶灰中去扫掠，如果毛羽稍有焦卷，就要罚香纸钱。如果是有疾患者，或老弱者不能冷食，就到介公庙去卜乞小火，吉利则燃取木炭不烟，不吉利，至死都不敢用火。有的只好将食物曝于太阳下晒熟食之，有的将食器埋于羊马粪圈中去保暖。由此可见当时禁火之严。正如李崇嗣《寒食》诗所说："普天皆灭焰，匝地尽藏烟。不知何处火，来说客心燃。"由于寒食禁火，火种大都绝灭。到了清明节这一天，又要钻木取火，谓之"新火"。据《辇下岁时记》记载，唐代宫廷中每至清明节，尚食内园官小儿都于宫殿前钻榆木取火，先钻得火者，皇帝要赐绢三匹，金碗一口。由于钻木取火较难，所以，皇帝在清明节都会将钻取的榆柳火赐给近侍大臣，以示宠幸。如《春明退朝录》就记载"唐时惟清明取榆柳火以赐近臣戚里"。《岁时广记》亦云："唐朝于清明取榆柳之火以赐近臣，顺阳气也。"当然，能得到皇帝所赐新火的大臣也是往往感到十分荣幸的。如"文起八代之衰"的大文学家韩愈，在《寒食直归遇雨》诗中就写道："唯将新赐火，向曙著朝衣。"王濯《清明日赐百僚新火》诗中描写赐火情景道："御火传香殿，华光及侍臣。星流中使马，烛耀九衢人。"甚至"焰迫红蕊发，烟染绿条春"。韩濬《清明日赐百僚新火》诗亦云："朱骑传红烛，天厨赐近臣。火随黄道见，烟绕白榆新。荣耀分他日，恩光共此辰。"当然，在清明节能得到皇帝赐新火恩泽的毕竟是少数达官贵戚。因此，获得皇帝所赐新火的达官显贵引以为荣，将传火的柳条还插于门前，以炫耀于人。后人争相仿效，相沿成俗，所以到了五代，江淮间寒食节，家家杨柳插门。到了宋代此风更盛。当皇宫中钻木取火，先得火者赐帛与金碗之时，一些老百姓及贫寒之士却正值春荒饥馑，甚至断炊揭不开锅。《全唐诗话》记载唐末进士唐珪，在寒食日给郡守献诗道："入门堪笑复堪怜，三径苔荒一钓船。惭愧四邻教断火，不知厨里久无烟。"而唐代另一江南寒士孟云卿也曾赋《寒食》诗，描写了生活的穷困情形：

> 二月江南花满枝，他乡寒食远堪悲。
> 贫居往往无烟火，不独明朝为子推。

清明寒食尤为崇尚的风俗是扫墓。古代上自天子，下至庶民，都十分重视拜扫祭祖，借以表达慎终追远的情思。尊祖、敬祖是中华民族的传统习惯，是宗法制的核心之一。所以寒食清明扫墓之风在唐代极盛。《旧唐书·德宗本纪》记载唐宪宗元和元年（806 年）三月下诏令京师官员寒食拜墓，在京畿以内者可于假日中往还，在外州府县者也可奏请扫墓。白居易《寒食野望吟》诗中描写扫墓情形道：

> 乌啼鹊噪昏乔木，清明寒食谁家哭。
> 风吹旷野纸钱飞，古墓垒垒春草绿。
> 棠梨花映白杨树，尽是死生别离处。
> 冥冥重泉哭不闻，萧萧暮雨人归去。

从这首诗中我们不仅可以看出清明扫墓的凄凉悲惨情

景，也可以看出唐代扫墓习俗中寒食与清明是一回事。

清明之日，时值春回大地，草木皆绿，自然界到处呈现出一派勃勃生机，正是郊游的大好时光。因此，人们不仅踏青郊游，而且要进行荡秋千、蹴鞠、拔河等一系列丰富多彩的娱乐活动，这使节日充满了春天的欢乐。

《丽情集》记载天宝十三年（754年）清明节，唐玄宗敕诸宫娥媪出东门，恣游踏青。顾非熊《长安清明言怀》诗云：

明时帝里遇清明，还逐游人出禁城。
九陌芳菲莺自啭，万家车马两初晴。

长安踏青有时也在二月二日，如《旧唐书·代宗纪》："大历二年（767年）二月壬午，（代宗）幸昆明池踏青。"有时也在上巳日，《秦中岁时记》云："唐上巳日，赐宴曲江，都人于江头禊饮，践踏青草。"杜甫《丽人行》也写道："三月三日天气新，长安水边多丽人。"也有的在正月十五，《开元天宝遗事》记载："都人士女，每至正月半，各乘车跨马，供帐于园圃或郊野中，为探春之宴。"再如蜀地踏青，时间也不固定于某一日，秦味芝《月令粹编》引冯应京《月令广义》："蜀俗正月初八日，踏青游冶。"宋代苏辙《踏青》诗云："江上冰销岸青青，三三五五踏青行。"据其诗序云亦是正月初八。而《月令粹编》又引《岁华纪丽》云："二月二日踏青节，郡人游赏，散在四郊。"

这里所谈的是蜀中节候风俗。可以看出，踏青日期因时因地而异。长安踏青之风是十分兴盛的。青年男女在踏青时，常常发生一些爱情故事。据《唐诗纪事》记载：唐德宗时诗人崔护，风流倜傥，清明时踏青独游长安南庄，至一村户，见花木丛萃，寂无人声。他因口渴，叩门求杯茶喝。良久，有一女子来到门前，捧杯水让座。女子独倚门前，姿态楚楚动人。两人凝睇相对，似有无限深情。当时，男女授受不亲，礼教约束甚严，一男一女能如此单独相对，已属机遇难得。故崔护以语相挑，彼此注目良久。崔护临行时，女子送到门外，似有恋恋不舍之意。第二年清明，崔护追忆往事，情不可遏，又往探访，唯见门院如故，桃花依旧，然而门上挂了一把锁，空空无人，惆怅之余，挥笔题诗于门扉道：

去年今日此门中，人面桃花相映红。
人面不知何处去？桃花依旧笑春风！

这个故事在关中地区广泛流传，也是“人面桃花”这个成语典故的由来。后被人们演绎编成戏曲《金琬钗》，成为陕西人民喜闻乐见的传统爱情剧目。至今每当上演此剧，场场爆满，很受欢迎。

清明时因有寒食禁火之俗，为防止寒食冷餐伤身，古代盛行打秋千、蹴鞠、拔河等一系列体育活动，以锻炼身体。

打秋千起源于何时？一说是由古代北方少数民族

的一项习武活动演变而来。据《古今艺术图》载："秋千，北方山戎之戏，以习轻趫者。齐桓公伐山戎，流传入中国。"山戎也叫北戎，春秋时居于今河北东部，与齐、郑、燕等国相接。齐桓公伐山戎之后，秋千之戏传入中原。一说起源于汉武帝时代，高承《事物纪原》认为秋千为汉武帝后庭之戏，本为千秋，是祝寿之词。后世倒语为"秋千"。所以，明人陈卧子诗中说："禁苑起山名万岁，复宫新戏号千秋。"就是指这件事。尽管说法不一，但可证明秋千是一项长期流传下来的游戏娱乐活动之一。

秋千之戏到南北朝时传入南方。《荆楚岁时记》记载："春时悬长绳于高木，士女衣彩服坐于其上而推引之，名曰打秋千。"即每年的春天，人们把长绳拴于高大的树木上，仕女们穿着五彩缤纷的鲜艳服装坐在上面，而后轻轻地推拉，在空中起飞荡漾。唐代，此游戏到了清明节尤为兴盛，被称为"半仙之戏"。据《开元天宝遗事》所载：天宝年间，每到寒食清明节来临，宫中都要竖立起秋千架，令嫔妃宫女们尽情玩乐。宫女们欢欢喜喜登上秋千，上下凌空，彩衣绣裙迎风飘舞，宛若仙女从天上飘飘而降。长安市民竞相仿效，风靡一时。正如杜甫《清明二首》诗中云："万里秋千习俗同。"王建的《秋千词》对此也有生动的写照：

长长丝绳紫复碧，袅袅横枝高百尺。

少年儿女重秋千，盘巾结带分两边。

身轻裙薄易生力，双手向空如鸟翼。
下来立定重系衣，复畏斜风高不得。
傍人送上那足贵，终赌明珰斗自起。
回回若与高树齐，头上宝钗从堕地。
眼前争胜难为休，足踏平地看始愁。

这些少女结队荡秋千，不畏风险，互相争胜，一直到与树梢平齐。这首诗活画出少女们打秋千的生动场面。由此亦可见，唐代荡秋千活动在民间极为普遍。

踢足球、打马球也是清明节常举行的娱乐活动。唐代足球壳由汉代的充毛发展为充气，用动物的膀胱作球胆，增加了球体的弹性。晚唐诗人皮日休自号“闲气布衣”，当时有人作诗以球为喻嘲笑他道：“八片尖裁浪作球，火中爆了火中揉。一包闲气如长在，若踢招拳卒未休。”这首诗本意并非介绍足球，然而所喻形象却取材于此。从诗中可知当时足球是八片皮制成，球内是一包气，弹性大以便拳打脚踢。古代称足球为蹴鞠，清明寒食之日，踢球之风盛行一时。唐人仲无颜在《气球赋》中描写过时人足球赛的情景：“寒食景妍，交争竞逐，驰突喧闹，或略地以丸走，乍凌空似月圆。”清明正是寒尽春生之日，晴空万里之时，足球场上，队员纵情奔逐，竞相争夺。一会儿长距离疾驰，一会儿又骤然突破，彼呼此应，人欢球跃。有时球在脚下如滚丸，忽而又凌空而起“似月圆”。王维《寒食城东即事》就写道：“蹴鞠屡过飞鸟上，秋千竞出垂杨里。”如果说仲无颜《气球赋》及王维诗描写的是民间的蹴鞠活动，那么诗人描写宫女踢球之作更是不胜枚举。如韦庄的“内宫初赐清明火，上相闲分白打钱”（《长安清明》）；“永日迢迢无一事，隔街闻筑气球声”（《寒日醉饮三首》）。王建的《宫词》诗中如“殿前铺设两边楼，寒食宫人步打球”、“寒食内人常白打，库中先散与金钱”，这些都是描绘宫女们于寒食清明之日踢球并得到赏钱的情景。“白打”是两人对踢，以踢的花样和次数多少来定胜负。不仅宫廷、民间如此，军队中也常大力开展踢球活动，以此习武娱乐。以写田园风物闻名于世的诗人韦应物在《寒食后北楼作》一诗中写道：“遥闻击鼓声，蹴鞠军中乐。”正是这一事实的写照。

唐代清明球类活动的另一项目是击鞠，击鞠即马球活动，史书又称为“击鞠”或“打球”。这种运动一方面要求骑乘的马（或驴）有很高的训练程度，二是要骑术非常娴熟。只有如此，才能使马与之相配合，从而进行各种难度较大的动作。击鞠活动始见于曹植的《名都赋》中“连翩击鞠壤，巧捷唯万端”之句。但由于魏晋南北朝时期，社会动荡不安，此游戏一度中衰。到了隋唐之际，因社会经济、文化的全面繁荣，马球运动得到了复苏。不但笔记、野史、小说中有许多击鞠活动的描述，就是正史中也不乏记载。唐代封寅《封氏闻见记》中就曾有吐蕃族在唐长安城的安福门升仙楼下击球，并有人邀请唐太宗参加。但唐太宗认为帝王不宜轻举易动，焚球自诫。到唐中宗景龙二年（708年），“上（中宗李显）好击球，由是风俗相尚”（《资治通鉴》卷二〇九）。击球活动由此开始勃兴，盛极一时。《封氏闻见记》记载：唐玄宗更是一位马球运动健将，唐中宗景龙四年（710 年），金城公主下嫁吐蕃赞普弃隶缩赞，吐蕃派专使迎亲，吐蕃专使随员曾与唐皇家球队进行马球比赛，开始唐皇家队输了。中宗命临淄训王李隆基（即后来的玄宗）、嗣虢王邕和两位驸马杨慎交、武崇训等四人上场，四人力敌吐蕃十余人，尤其李隆基“东西驰突，风回电激，所向无前”。因此唐皇家队大获全胜。后来李隆基即帝位，击球活动风靡全国。而李隆基精于球艺的消息誉满海内，甚至传到了于阗，以至“于阗遣使献打球马两匹”（《册府元龟·外臣部·朝贡》）。此后唐代统治者大都爱好打球，穆宗、敬宗，以及唐末昭宗都是球迷。唐宣宗的击球技艺使“两军老手，咸服其能”（《唐语林》）。唐僖宗更以球艺自诩：“朕若应击球进士举，须为状元。”（《资治通鉴》卷二五三）当时，无论是宫廷、京师，还是名城，大都有许多球场见于史书记载。1956 年在西安大明宫遗址出土的一块石碑上就刻有“含光殿及球场”、“大唐大和辛亥岁乙未月建”字样。说明当时修宫殿时已修了球场。1971 年在陕西章怀太子墓中发现一幅打马球的壁画，画面上就有击球的生动场面。那奔驰的骏马及手执一头弯曲的球杖的骑手们，在赛场上追逐马球的神态栩栩如生，为我们了解这一运动提供了珍贵的形象资料。

在唐代也有骑在驴上打球的，主要在宫女中流行，《新唐书·郭知运传》记载郭知运的儿子在府第中“教女妓乘驴击球，钿鞍宝勒及它服用，日无虑数万费，以资倡乐”。《新唐书·敬宗本纪》记载唐敬宗也曾在宫廷“内园分两朋驴鞠”。宫女骑驴打球已为奇闻。更有甚者，据《资治通鉴》记载：唐昭宗时，吴王杨行密的儿子杨渥在居丧期间“昼夜酣饮作乐，燃十围之烛以击球，一烛费钱数万”。杨渥的豪华侈靡之风固不足为道，但值得注意的是他以蜡烛照明击球，可能是世界上最早的“灯光球场”了。唐代球类活动如此兴盛，在春光明媚、风和日丽的清明节，它更是节日娱乐活动的重要项目。

唐代清明节拔河也是一项盛行的节日娱乐活动。据《全唐诗话》记载：唐中宗李显于景龙四年（710年）“三月一日清明，幸梨园命侍臣为拔河之戏”。而《封氏闻见记》对此记载甚详，唐中宗于清明节幸梨园球场，命侍臣分朋拔河，当时分宰相、两位驸马为东朋，有三位宰相、五位将军为西朋，东朋贵人多，西朋不服，请重新分组，唐中宗未同意。结果西朋竟输于东朋，尤其是仆射韦巨源、少师唐休璟因年高体衰，竟随绳被拉倒在地，好长时间起不来，惹得皇上、皇后、宫妃、公主大笑不止。在《资治通鉴》与《景龙文馆记》中也有类似的记载。为何清明节要重视拔河呢？原来清明节正是春耕播种之时，而古人认为拔河有祈祷丰年、庆祝丰收之意。《隋书·地理志》云：举行拔河之戏“俗以此庆丰收，用致丰穰，其事亦传至它郡”。正因此，历代帝王都加以提倡，宫廷民间，均甚流行。

唐代清明之日，还盛行斗鸡之戏。斗鸡在战国已很盛行。《战国策·齐策》记载临淄市民好“斗鸡走犬”。汉代达官显贵、游手好闲之徒也多喜欢斗鸡。《史记·袁盎晁错列传》记载袁盎因病免官家居时与闾里常斗鸡走犬。《后汉书·外戚传》记载梁冀好斗鸡。《三辅黄图》记载汉长乐宫还有斗鸡台。至于汉画像石、画像砖上，斗鸡图更是屡见不鲜。三国时曹植还曾赋《斗鸡篇》。不过那时并不一定在清明节。但是，到了唐代，斗鸡活动却盛于寒食清明节之时。唐太宗时杜淹在《吟寒食斗鸡应秦王教》中详细地描述了雄鸡搏斗的情景：

寒食东郊道，扬鞲竞出笼。
花冠初照日，芥羽正生风。
顾敌知心勇，先鸣觉气雄。
长翘频扫阵，利爪屡通中。
飞毛遍绿野，洒血渍芳丛。
虽然百战胜，会自不论功。

寒食斗鸡之俗传承不断，到唐玄宗时已风靡长安。陈鸿《东城老父传》记载唐玄宗未即位时就好清明斗鸡之戏。即位后，还在宫中专门修建了鸡坊，选养了“金毫铁距，高冠昂尾”的雄鸡千余只，并选六军小儿五百人专门负责驯养。一时长安宗室贵族、达官显贵竞相仿效，大兴斗鸡之风。京师男女以斗鸡为事，一些游闲公子为弄到好鸡不惜倾家荡产，重金购之。一些家境贫寒者，养不起鸡，竞玩假鸡，以此为乐！一次玄宗出游，偶然发现一个名叫贾昌的小孩玩木鸡，灵巧异常，使唐玄宗心花怒放，当即召其入宫中作鸡坊小儿，后不久升为五百小儿长。贾昌驯鸡有方，博得唐玄宗的称赞，"金帛之赐，日到其家"。开元十三年（725 年）贾昌之父死于泰山之下，按时俗奉尸归葬故乡雍州时，唐玄宗下令"县官为葬器丧车"。次年三月，贾昌身穿斗鸡服随唐玄宗幸温泉斗鸡，受宠无比，当时号称"神鸡童"。时人讽刺道："生儿不用识文字，斗鸡走马胜读书。"大诗人李白也曾感慨地赋《答王十二寒夜独酌有怀》诗叹道："君不能狸膏金距学斗鸡，坐令鼻息吹虹霓！"斗鸡固然从侧面反映了唐玄宗骄奢淫逸的生活，但也反映出当时这种娱乐活动的盛行。

清明习俗的传承

到了宋代以后，清明节俗基本上是沿袭了唐代。

清明扫墓，宋代亦同前朝，《东京梦华录》记载："凡新坟皆用此日拜扫。"皇帝禁宫提前半月就发宫人车马朝拜诸陵，宗室的近亲，也分别遣人到诸陵坟行享礼。此外，禁宫中还出车马到奉先寺道者院，祭祀宫人坟。帝王宫廷出来扫墓，自然气势不凡，皆"金装绀幰，锦额珠帘，绣扇双遮，纱笼前导"。《梦粱录》亦记载每至清明"官员士庶，俱出郊省坟，以尽思时之敬"。其所以如此，在于尊祖、敬祖，借以表达慎终追远的孝思。提起扫墓，不能不想起宋代词坛擅长慢词长调的大词人柳永。柳永以填词闻名遐迩，一代风流。因他生活放荡，常涉于花街柳巷、青楼妓馆，所作大多是“低吟浅唱”、“偎红倚翠”之类的艳词。当时的歌伎舞姬，均爱其才华，喜唱其词，时有“凡有井水饮处即能歌柳词”的谚语。但是，在当时理学礼教兴起之时，他这种放荡生活为时论所谤讪，一生郁郁不得志。虽然中进士及第、官居屯田员外郎，但一生放荡不羁，最终客死襄阳，埋骨异乡。相传他死后，家无余财，身后萧条，靠昔日倾慕他才名的妓女们集资营葬，草草料理后事。死后当然也不会有亲属来祭奠。每年清明，群妓相约携酒菜、食物赴其坟地祭扫，识与不识者均奔集其坟地，相沿成习。乡民们称之为清明“吊柳七”或“吊柳会”。宋代此俗的形成反映了当时社会最下层、受压迫最深的妓女阶层追求幸福的家庭生活的渴望。她们身居青楼卖几多笑，换一盅醉，笑里醉里都浸满痛苦的血和泪。没有爱情，没有家庭的温暖，生前没有知心人和世人的理解，死后也不会有人坟前祭奠。因此，像柳永这样一生流连青楼的多情风流才子，自然会被妓女们所尊敬仰慕，也许惺惺惜惺惺，同是身后无人祭，何不坟前一杯，遥寄情思呢？柳永能得妓女们的祭扫尚属死后有幸，九泉亦可瞑目，更不幸者是妓女了。据《括异志》记载，嘉兴县西南有晋代歌舞名妓苏小小墓，墓前立一石碑，生前一代天香国姿，风流倾世，死后却香消名泯，无一人祭奠。因此诗人徐凝《嘉兴寒食》诗曾写道：

嘉兴郭里逢寒食，落日家家拜扫回。

唯有县前苏小小，无人送与纸钱来。

宋代宫廷清明赐火之礼俗也有如唐代，如《梦粱录》所记载每年清明节，“禁中命小内侍于阁门用榆木钻火，先进者赐金碗、绢三匹。宣赐臣僚巨烛，正所谓，钻燧火者，即此时也”。但是宋代赐火范围与唐代有所不同，如《春明退朝录》所云：“唐时，清明取榆柳火，以赐近臣戚里，本朝因之。惟赐辅臣、戚里、帅臣、节察三司使、知开封府、枢密直学士、中使皆得厚赠，非赐例也。”也就是说宋代皇帝赐火范围要宽得多，不仅赐近臣戚里，而且赐给大臣，以示皇恩浩荡。宋代大文学家、史学家欧阳修曾赋《清明赐新火》诗，写道：

鱼钥侵晨放九门，天街一骑走红尘。

桐华应候催佳节，榆火推恩忝侍臣。

多病正愁饧粥冷，清香但爱蜡烟新。

自怜惯识金莲烛，翰苑曾经七见春。

清明的娱乐活动如击球、蹴鞠、秋千、斗鸡等在宋代均十分流行。《宋史·礼志》记载宋孝宗于兴隆初年常召诸将于殿前击球。宋太宗还规定每年三月“令鞠大明殿”。辽、金、元统治者在举行释天典礼时也要举行击球比赛。寒食清明打秋千，在宋代更为普及。如王禹偁《清明》诗：“稚子就花拈蛱蝶，人家依树系秋千。”田况《寒食》诗：“临流飞凿落，倚榭立秋千。”此类诗文不胜枚举。

明清时代，清明节俗已普及大江南北，风俗变化各地有异有同。明代田汝成《西湖游览志余·熙朝乐事》记载寒食清明之日，家家插柳满檐，青茜可爱。不仅房前插柳，而且男女皆戴柳枝编的冠或柳叶环，当时有谣谚说：“清明不戴柳，红颜成皓首。”值得重视的是清明踏青风俗中渗入了大量的娱乐活动。“苏堤一带，桃柳阴浓，红翠间错，支素、骠骑、飞钱、抛拔、踢木、撒沙、吞刀、吐火、跃圈、筋斗、舞盘及诸色禽虫之戏，纷然丛集。而外方优妓，歌吹觅钱者，水陆有之，接踵承应。又有买卖赶趁，香茶细果，酒中所需。而彩妆傀儡、莲船、战马、饧笙、鼗鼓、琐碎戏具，以诱悦童曹者，往往成市”。明代扫墓风俗也很盛行，《帝京物略》描述三月清明节，“男女扫墓，担提尊榼，轿马后挂楮锭，灿灿然满道也”。在郊野墓田坟头上，拜者、酹者、哭者、除草添土者比比皆是。都是在墓前先焚楮锭，再向坟头上压纸钱。如果坟头上没有纸钱，那就一定是座孤坟。

清代对清明节比较讲究的是杭州一带。据《清嘉录》记载：清明节满街都叫卖杨柳，每家买回杨柳枝插于门上。农民还以插柳日的晴雨来占卜一年的雨水多少，有谚语云：“檐前插柳青，农夫休望晴。”不但门上插柳，妇女们还结杨柳球戴在鬓畔，示红颜不老，这些无疑是继承了唐宋插柳戴柳的遗风。杨韫华《山塘棹歌》咏叹此风俗道：

清明一霎又今朝，听得沿街卖柳条。

相约比邻诸姊妹，一枝斜插绿云翘。

吴地清明最重要的礼俗仍是上坟墓祭。褚人获《坚瓠集》云：“吴中，于清明前，子女长幼持牲礼、楮钱，祭扫坟墓。虽至贫乏，亦备壶醪、豆豕。”一般来说都是祭扫自己的直系亲属，但也有族人祭无祀孤坟者，颇有古朴的遗风。《清嘉录》记载吴地人认为清明节为鬼节，如果人家有新丧，未逾周年者，在清明节要招来和尚做佛事，诵经超度，或请道士礼忏，以资冥福。亲友都要往拜灵座，称之为“新清明”。士庶皆于此日祭扫祖先坟墓，与各地大致相同，但吴地还有女婿拜外父母墓者。此外还有祭山神，奠邻坟者。凡是新娶的妻子，必须夫妻相挈同行上坟祭祖，又叫做“上花坟”。上坟远者还有泛舟具馔以往者，近者则担盒提壶而去。因此，周宗泰《姑苏竹枝词》描述清明祭扫风俗写道：“衣冠稽首祖茔前，盘供山神化楮钱。欲觅断魂何处去，棠梨花落雨余天。”

吴地最富有地方特色的清明风俗，可以说是“山塘赛神会”了。根据《清嘉录》所云：清明这天，官府要到虎丘厉坛致祭。游人都骈集山塘，号称“山塘庙会”。会中之人都是各署吏胥，平日侍奉香火者。“至日各舁神像神坛”。按照旧例，一般是郡县城隍、十乡土谷神，此外有巡抚都土地诸神。凡是土谷神都要以舁版谒拜城隍神。每一会到坛，“箫鼓悠扬，旌旗璀璨，卤薄台阁，斗丽争艳”。更为有趣的是，有些人因病曾许愿服役，此日可为执事服役还愿。有的男女自己捆绑或戴枷锁，随神到坛前后再撤去枷锁，认为这就是得到了神的赦免。还有选一相貌标致的小儿女，穿着鲜艳彩服，赤脚站在人肩（或马背）上，号称“巡风”。走过每家门口时，都要香烛以迎。到天色薄暮时，送神归庙，俗亦称之为“转坛会”。蔡云《吴歈》有诗云：

纷纷神役与神囚，多事舁神到虎丘。
却爱巡风小儿女，绣衣华帽骋骅骝。

此诗所描述的就是山塘庙会的风俗。

迄今为止，清明节仍然是中国民间十分重要的节日。不过历史上流传下来的那些迷信风俗已被逐渐淘汰。至于插柳于门，或男女簪柳戴柳的风俗已极少见，不过农村的儿童们还往往于此日折下几枝嫩绿的枝条，拧下皮筒做支音色颇佳的柳笛玩耍。而城市的居民往往在清明节前后，扶老携幼到郊外春游踏青，领略大自然旖旎的风光。当然扫墓风俗依然存在，农村尚有不少清明祭祖坟的遗俗。但更多的是每逢清明节，人们纷纷到烈士陵园扫墓，缅怀先烈们的业绩，以示悼念。

五　端午节

旧历五月五日端午节，是我国夏季最重要的传统节日。古代“午”与“五”同音，所以端午又称端五、重午或重五。五月五日古人又有以兰草汤沐浴的习俗，所以又叫“浴兰节”。道教又称此日为“地腊节”。唐宋时此日午时为“天中节”，所以它又称端阳、午节。明清时北京人还称其为“五月节”或“女儿节”。

探幽溯源

端午节起源于何时？长期以来聚讼纷纭，说法不一，至今仍争论不休。就目前来看，关于端午节的起源主要有四种观点。一是流行久远的传统观点，依据南朝梁吴均的《续齐谐记》及宗懔《荆楚岁时记》，认为端午节起源于纪念屈原。二是闻一多先生认为端午节是吴越民族举行龙图腾崇拜活动的节日，他在《端午考》及《端午节的历史教育》（见《闻一多全集》）两篇论文中详细论证了他的观点。三是认为端午

节起源于恶日（见张心勤的《端午节非因屈原考》，《齐鲁学刊》1982 年第 1 期）。四是说端午节起源于夏至（详见刘德谦的《“端午”始源又一说》，《文史知识》1983 年第 5 期）。

众所周知，端午节的一项重要节日活动是为纪念屈原的“龙舟竞渡”。但龙舟竞渡的习俗，早在屈原之前已经存在。《事物原始》引《越地传》云：“竞渡之事起于越王勾践，今龙舟是也。”即使在屈原本人的诗作中，也可以反映出当时竞渡的风俗来。如《楚辞·涉江》中就有“乘舲船余上沅兮，齐吴榜以击汰。船容与而不进兮，淹回水而凝滞。朝发枉渚兮，夕宿辰阳”。屈原所乘的这种狭长而轻小的舲船实质上也就是当时一种竞渡所用的船，乘着“舲船”顺沅水而上，船桨齐划冲击着层层波浪，清晨乘船从枉渚出发，晚上就可留宿辰阳。这种众桨齐划的轻快小船正是竞渡风俗的一种反映。闻一多先生在《端午考》与《端午的历史教育》论文中考证认为：古代的越民族是以龙为图腾的，为表示他们“龙子”的身份，借以巩固本身的被保护权，他们不仅有“断发文身”的风俗，而且每年在五月五日这一天，举行一次盛大的图腾祭。其中有一项活动便是在急鼓声中乘坐刻画成龙形的独木舟，在水面上作竞渡的游戏，给图腾神，也给自己取乐。这便是竞渡习俗的由来。此说颇有一定的科学性。但是，龙舟竞渡作为水上的竞技活动不仅仅是越人的习俗，而且其他民族也有此俗。1935 年在河南汲县山彪镇战国墓葬中出土的鉴，1965 年在四川成都出土的战国时“嵌错赏功宴乐铜壶”上，都有竞龙舟的图案。龙舟竞渡的时间也不尽相同。所以清代大史学家赵翼在《陔余丛考》中说：“竞渡不独（端）午日也，今江浙间多用春日，疑非本意。”但是总体来看，龙舟竞渡是以沅湘一带为中心的南方风俗。

南方越民族进行龙图腾祭祀之时，北方中原地区却是把五月五日当做“恶月”、“恶日”进行驱邪避恶之日。就目前资料看，至晚在战国时代，人们已把五月五日视为“恶月”、“恶日”。《大戴礼记》云：“五月五日蓄兰为沐浴。”《风俗通》记载，“俗云五月到官，至免不迁”、“五月盖房，令人头秃”。不但此恶月万事不吉利，甚至连五月五日所生之子也被视为不祥之兆。“俗说五月五日生子，男害父，女害母。”王充《论衡·四讳》也记载当时的风俗：“讳举正月、五月子。以正月、五月子杀父与母，不得举也。已举之，父母祸死。”尽管当时有此传说风俗，但事实上并非如此严重，相反，中国历史上许多名人倒是五月五日出生的。例如，战国时以养士闻名遐迩的孟尝君田文，就是五月五日出生的。当其呱呱坠地之时，其父田婴就欲置他于死地。后来，他母亲私下将他抚养成人。田婴闻讯后怒不可遏，怒斥其母为何未去此子，反而将其抚养成人。田文见其父大怒，顿首拜伏于地，问不举五月子是何缘故？田婴说：“五月子者，长于户齐，将不利其父母。”田文听见据理驳斥道：“人生将受命于天乎？将受命于户邪？”“必受命于天，君向忧焉？必受命于户，则高其户。”孟尝君以人生受命于天，则不会妨害其父母，若受命于户，能长于户齐则高其门户的道理驳得其父哑口无言，只能“默然”。后来孟尝君果然成为一代名士。尽管有孟尝君的例子在先，但是，到了汉代，人们仍然迷信此恶俗。汉成帝时，权势显赫的王凤也是五月五日生的，其父提心吊胆地将他养大。汉末，在相互倾轧的官场上，有一个政绩平平，说话谨慎，办事模棱两可，待人圆滑世故而官运亨通的不倒翁——胡广。他历经六朝（自安帝，历顺帝、冲帝、质帝、桓帝到灵帝），三登太尉。此人取名胡广还有一段戏剧性的故事。据《世说新语》记载，因为他生于五月五日，父母忌于世俗传统观念，将他藏在葫芦中投之于河，幸而未被淹死，后来有人将其收养，乃托葫芦所生，姓胡名广（还有一说，他父母原本姓黄，收养者为胡翁，故姓胡）。显然，从战国到两汉，人们一直认为五月五日是令人深恶痛绝的恶日。

从时令上看，五月五日又是夏至刚过的盛夏之时，因此端午节又融进了夏令饮食、服饰、禁忌等风俗。周处《风土记》云：“仲夏端午谓五月五日也，俗重此日，与夏至同。”而古代就有“五日同夏至”之说。

先秦时，南北风俗各异，但是五月五日作为一个“节日”已另有侧重。到秦代之后，由于国家统一，南北的经济文化交流使风俗习惯也互相渗透，端午节就在南北风俗融合的基础上形成了。但是，就目前文献记载来看，两汉时的端午风俗还主要是避恶。早在《夏小正》中已有“是月蓄药，以蠲除毒气”的记载。而《风俗通》中记载汉俗在五月五日，用青、赤、黄、白、黑等五彩丝线合成细索，系于臂上，称为“长命缕”，或称“续命缕”、“五色缕”、“朱索”等名。据说用它可以驱瘟病，除邪、止恶气。《后汉书·礼仪志》记载，汉代五月五日时，“以朱索五色为门户饰，以止恶气”。《事物原始》中认为印五色就是桃印。那时桃印长六寸，宽三寸，五色书文，悬于门上，与后世悬符辟邪十分近似。我们知道，由于阴阳五行学说流行，神鬼迷信观念渗透很深，因此，端午作为恶月恶日，并无节日的情趣，而是以驱邪避恶为主。用五色缕、五色桃符也说明与阴阳五行学说有关，以五色代表五方，黄为中央，属土；青属木，主东方；白属金，主西方；黑属水，主北方；红属火，主南方。这种五行主五色学说已深入到人们的生活领域。因而五色丝缕、五色桃印看来虽小，却有驱鬼避恶的神奇力量。

吃粽子是汉代端午的重要习俗。粽子又叫“角黍”，据《风俗通》记载：在节日前一天，用菰芦叶裹黏米，以淳浓灰汁煮熟，于端午节吃。当时，吃粽子并无特殊的纪念意义，只是将其当做一种时令食品而已。俗有“食过五月粽，寒衣收入柜”、“未食五月粽，寒衣不敢送”之谚，意思是粽子一出现，岁序便转入夏季，这是一年生活转折点的信号。在五月仲夏，酷热季节将临之际，吃这种米制凉食，用菰芦叶包裹，用灰汁煮熟，其色、香、味都别具特色，吃后能清热降火，胃肠舒适，不失为时令佳品。在此时，人们要全面换上夏装，以轻薄凉爽为宜。因此《中华古今注》

记载东汉时每到端午，皇帝要赐给群臣乌犀腰带，汉章帝时，“常以端午日赐百官水纹绫裤”。皇帝的恩赐，固然是笼络臣下的一种手段，但从风俗角度讲，这也是端午换夏装、避酷热的风俗反映。从衣食风俗来看，认为端午与夏至风俗有密切关系也不无道理。

纪念志士，避恶求祥

风俗作为一种社会生活方式来说，随着社会发展，一方面要受到上层建筑、意识形态的影响，另一方面历史上许多仁人志士的活动，也必然会在风俗生活中积淀下来。因此，本来端午节起源于民间的原始崇拜与迷信观念，但是到了汉末魏晋时，就又被赋予纪念历史人物的内容。关于最初纪念哪个历史人物，也是说法不一的。东汉末年的蔡邕在《琴操》中认为，五月五日应是纪念介子推的，这一说法主要流行于北方，尤其是山西一带的人民十分推崇介子推，每逢此日都纪念其人，并相沿成俗。而在南方楚人的心目中英雄却是我国大文学家、爱国主义诗人屈原。传说屈原是五月五日怀抱大石投江而死的，于是，就把屈原之死与端午节联系在一起。本来龙舟竞渡是古代越民族龙图腾崇拜的遗俗，此时却附会为屈原投汨罗江之日，人伤其死，故皆驾舟楫拯救他，因此形成竞渡风俗。就连时令食品——角黍粽子，也被楚地人按照自己的心愿与屈原联系在一起。《续齐谐记》中假托东汉光武帝时长沙人欧回之口说：有一次欧回见一士人自称是三闾大夫屈原，对欧回说每年人们水中所祭之物为蛟龙所窃食，今后若有惠祭，当以楝树叶塞其上，以彩丝缠之，因为楝叶、彩丝都是蛟龙所惧之物。从此五月五日做粽子用楝叶并缠五花丝便成为遗俗，与屈原毫不相干的时令食品也成了祭品。

但值得注意的是，在纪念屈原与介子推之外，还有纪念伍子胥、曹娥、陈临之说。

伍子胥原本是春秋时吴国大夫，曾帮助阖闾刺杀吴王僚，夺取王位，并整顿内治，厉兵秣马，使吴国的国势逐渐强盛了起来，并最终攻破了楚国。到吴王夫差时，吴越争霸，吴国攻破越国，伍子胥劝吴王拒绝越王勾践的求和，未被吴王夫差采纳，反而遭到疏远，后被赐剑自杀。据《梦粱录》记载，传说伍子胥死后被吴王夫差用皮革包裹丢进钱塘江，化为波神。《曹娥碑》记载："五月五日，以迎伍君。"所以在吴地这一天有迎伍君的习俗。

关于曹娥，在《后汉书·列女传》及《会稽典录》中都有记载。曹娥的父亲在汉安帝永初二年（108 年）五月五日迎波神时溺死。当时曹娥年方十四，沿江寻找父尸，昼夜哭号不绝，遂投江而死。数日后，曹娥抱父尸浮于水波。东汉时颇崇尚名教，以孝治国，会稽人认为曹娥孝心感神灵，可作世人楷模。故以此日纪念，划龙舟竞渡，在龙舟上给曹娥塑像，成为会稽一带的风俗。

至于陈临，据《初学记·岁时部》引谢承《后汉书》记载：陈临任苍梧太守，"推诚而理，导人以孝悌"，治理苍梧，移风化俗，颇有政绩。后来陈临卸任调走之时，苍梧郡人于五月五日送至东门。人们为了怀念这位政绩卓著的地方长官，每年五月五日“令小童洁服舞之”，以纪念陈临。

如此看来，起初端午所纪念的历史人物是因地而异的。但是，随着魏晋南北朝的社会动荡与战乱，加之清谈玄学及佛道思想的有力冲击，忠恕孝悌观念逐渐淡化，名教禁锢的堤岸也被冲毁，所以陈临、曹娥、伍子胥、介子推的影响未能扩散到全国。但是，伟大的爱国主义者屈原却在这几百年的动乱岁月中，成为人们心目中崇拜的英雄，尤其是他的名著《楚辞》，以悲亢壮烈的诗篇唤起了千百万人民强烈的爱国激情，成为抵御外族侵略的动力。因此，五月五日作为屈原逝世的纪念日得到了全国人民的公认，把各地原有的端午风俗与纪念屈原巧妙地结合起来，使这个充满原始崇拜和迷信色彩的节日放射出爱国主义的灿烂光辉。

北方无江水之便，也就不存在竞渡。但是把五月五日作为“恶日”的观念却是颇难破除。如《宋书·王镇恶传》记载：王镇恶就是五月五日生的，家里人因俗忌讳想将其出继人家，后来祖父王猛认为“昔日孟尝君恶日生而相齐，是儿亦将兴吾门”，所以才将他留了下来。他生于恶日，就起名“镇恶”。《北齐书·南阳王绰传》记载：高绰本就是武成帝长子，他生于五月五日辰时，到午时其弟高纬又降生了。但是由于高绰之母李夫人非正宫，因此他被贬为第二，而其弟高纬晚生几个时辰反而被立为太子。后来高绰被封为南阳王。齐后主高纬当政时，高绰被人诬陷谋反而被杀，陈尸兴圣佛寺历四百余日。敛尸时却发现他死后一年多居然“颜色毛发皆如生时”。本来，像这种情况应从陈尸的客观条件进行科学的解释，可是当时人们只能从他生日的迷信角度来解释，认为五月五日生者其脑不坏，所以才颜色如故。在此“恶日”，有人得祸，亦有人得福。《魏书·崔辩传》载：崔辩之孙崔巨伦当时颇有才名，葛荣慕名欲征其为黄门侍郎，但崔巨伦对葛荣其人深恶痛绝，却又惹不起他的权势。葛荣五月五日会集百官，让崔巨伦赋诗。崔巨伦故意藏锋露拙，信口胡诌道：“五月五日时，天气已大热，狗牙龇欲死，牛复吐长舌！”这几句顺口溜令人捧腹。葛荣以为崔巨伦才名是虚，才使他因此获免。

魏晋南北朝时期，由于战争频繁，人们饱尝战乱之苦，所以最重视的端午习俗莫过于“避兵缯”了。用五色丝染炼制成日月、星辰、鸟兽的形状，上刺文绣、金缕，即叫避兵缯，也沿袭汉代名称为长命缕或续命缕。有的佩于胸前，有的缀于臂上，一可避兵灾，延寿续命；二可显示妇女养蚕缫丝之功。不仅如此，当时人们还把这些东西作为珍贵的礼品互相赠送。

避兵是一个方面，恶日禳毒除瘟病也相当重要。《荆楚岁时记》记载，五月五日“采艾以为人形，悬于门户上，以禳毒气”。或饮菖蒲酒。当时采艾颇有讲究，要在五月五日鸡未鸣时去采撷。早在先秦时期，艾就被采来作药用，取艾叶制成灸条治病。古代有“岁多病，则艾先生”之说，因而它的药理作用就被人们盲目夸大，认为艾能驱瘟除邪。用艾制成人形或虎形悬挂门上，也有剪彩为虎，上粘艾叶以随身佩带者，俗均称之为“艾虎”。梁王筠《五日望采拾》诗中所说的“长丝表良节，命缕应嘉辰。结芦同楚客，采艾异诗人”正是此俗的写照。禳毒气的另一种方法就是饮菖蒲酒。我们知道，菖蒲具有性温味辛的特点，能开心窍，祛痰湿，对治风寒伤肺、胃病均有较好的疗效。饮菖蒲酒对预防夏令外感病是有一定作用的。但是，汉代荒诞迷信的避恶“桃印”，在魏晋南北朝时期仍十分盛行。北齐魏收《五日》诗中“辟兵书鬼字，神印题灵文”即指此事。究竟有无功效，就无须考证了。

3 娱乐习俗日新

隋唐时期，端午节从风俗形式上都继承了前朝。但是，从性质上讲，原来有特定意义的节日风俗活动，到此大多演变为节日娱乐活动。“恶日”已不恶，逢凶化吉，充满了节日的欢乐。唐玄宗《端午三殿宴群臣探得神字·诗序》中记述：皇宫端午日盛况空前，皇帝召来儒雅臣僚，大张筵席，“广殿肃而清气生，列树深而长风至”。这时内廷御厨们更为忙活，“厨人尝散热之馔，酒正行逃暑之饮。庖捐恶鸟（指枭羹）、俎献肥龟、新筒裹练、香芦角黍……罩洽风味”。本来端午节正值仲夏酷暑将临之时，而宫廷殿阁里却无丝毫暑气，树深阴浓，长风徐徐。面对美味佳肴，醇醪琼液，这位爱好享乐的风流皇帝怎能不沉醉？怎能不感到“自足为乐”？至于联想到端午节的上古遗俗，他仅“感婆娑于孝女（曹娥），悯枯槁之忠臣（屈原）而已”。他最感兴趣的是“节气之循环，美君臣之相乐”。所以宴会君臣酬唱，吟诗作赋，让臣下给他歌功颂德赋应制之作。

唐代宫廷端午宴享和其他佳节类似的一点，就是皇帝照常例对大臣有所赏赐，以示恩宠。最常赐之物是夏令的扇子。《唐会要》记载：贞观十八年（644年）五月五日，唐太宗御笔亲题“鸾”、“凤”、“蝶”、“龙”等字于扇上。唐太宗本来就爱好书法，常与大书法家褚遂良等探讨书法艺术，他死后还要将王羲之《兰亭序》真迹陪葬昭陵。唐太宗本人的书法也颇有造诣，御笔题写的这几字全用飞白书法，笔势奇绝。唐太宗对司徒长孙无忌及吏部尚书杨师道说：“五月旧俗，必用服玩相贺。今朕各赐君飞白扇二。”遂以扇赐宠臣。《新唐书·礼志》记载：唐玄宗天宝年间常在五月五日奠衣扇于诸陵来祀祖宗。唐代还有赏赐衣带的习俗。《中华古今注》云唐贞观年间端午节，赐给文官黑玳瑁腰带，武官黑银腰带。《旧唐书·李元纮传》载李元纮曾于五月五日受赐紫服金鱼而感到宠幸无比。除赐宝扇玉带之外，还赏赐百索粽子。窦叔向就有一首《端午日恩赐百索》诗感激涕零地写道：

仙宫长命缕，端午降殊私。
事盛蛟龙见，恩深犬马知。
余生倘可续，终冀答明时。

唐玄宗时端午娱乐活动别出心裁。据《开元天宝遗事》记载：宫中每到端午节，造粉团角黍置于盘中，再制作纤巧的小角弓，架箭射盘中的粉团，射中者得食之。因为小粉团滑腻又小，颇难射中。这本是宫中的游戏，后来传遍长安都城，一时间人们纷纷仿效，射粉团成了端午节的一种风俗。射粉团作为一种游戏尚可言，唐玄宗在五月五日端午佳节的有些作为就令人难以启齿了。有一年端午，他与杨贵妃避暑于兴庆宫，昼寝于池畔的水殿中，一群宫妃嫔女倚栏观水中雌雄鸳鸯游戏，而唐玄宗拥搂着贵妃在绡帐内对宫嫔们说："尔等爱水中鸳鸯，争如我被底鸳鸯！"由此也可看出宫廷节日生活风俗荒淫的一个侧面。

唐代民间端午风俗活动形式也类似前代。像《酉阳杂俎》就记载："北方妇人，五日进五时图、五时花，施之帐上。是日又进长命缕，宛转绳结，皆为人像带之。"长命缕上文已提及，只是制作上有所不同，用丝缕结成人形，更有装饰性。五时图则是五毒蛇、蝎、蜍、蜥蜴之类，是五毒图之前身，此俗一直影响到明清时期。五时花则是石榴花，五月正是石榴花吐艳之时。唐代角黍粽子也花样翻新。《文昌杂录》记载："唐时五日，有百索粽，又有九子粽。"唐玄宗《端午三殿宴群臣》诗中就有"穴枕通灵气，长丝续命人。四时花竞巧，九子粽争新"。如前边所提到的，"百索粽"还是唐代皇帝赏赐臣下的食品。

唐代端午龙舟竞渡尤其值得一提。在唐代全盛时期，经济繁荣，人民生活相对稳定，在节日娱乐方面，一方面是上行下效，蔚成风气，另一方面是民间的一些风俗活动也受到官府的支持。因此，竞渡之风尤为盛行。张说《岳州观竞渡》诗中描写当时竞渡情景道："画作飞凫艇，双双竞拂流。低装山色变，急棹水华浮。""鼓发南湖槎，标争西驿楼。并驱常诧速，非畏日光遒。"龙舟竞渡时，箫管奏鸣古老的祭祀乐章，船夫唱起高亢激越的船歌，乐声、歌声、桨声、水波声合奏出一曲壮阔的交响乐。如储光羲《官庄池观竞渡》诗所写的："落日吹箫管，清池发棹歌。船争先后渡，岸击去来波。"描写唐代龙舟竞渡以张建封《竞渡歌》最为生动，读后如身临其境。抄录如下，供读者欣赏：

五月五日天晴明，杨花绕江啼晓莺。
使君未出郡斋外，江上早闻齐和声。
使君出时皆有准，马前已被红旗引。
两岸罗衣破晕香，银钗照日如霜刃。
鼓声三下红旗开，两龙跃出浮水来。
棹影斡波飞万剑，鼓声劈浪鸣千雷。
鼓声渐急标将近，两龙望标目如瞬。
坡上人呼霹雳惊，竿头彩挂虹蜺晕。
前船抢水已得标，后船失势空挥桡。
疮眉血首争不定，输岸一朋心似烧。
只将输赢分罚赏，两岸十舟五来往。
须臾戏罢各东西，竞脱文身请书上。
吾今细观竞渡儿，何殊当路权相持。
不思得岸各休去，会到摧车折楫时。

通过这首《竞渡歌》的描述可知，竞渡时两岸仕女如云，罗衣成群，银钗映日，观者如堵。这里绘声绘色描述的双龙竞渡的激烈场面更是令人惊心动魄。这场竞渡由官府主持，赏赢罚输，故竞渡中两船还起了争斗事件。据《古今图书集成》引马令《南唐书》记载：郡县村社每年端午竞渡时，由官府赏给彩缎，两两较其迟速以定胜负，如夺得锦标者，加赏银碗一双，称之为“打标”。此俗一直到五代皆是如此。当然每年这样大规模的竞渡比赛，势必影响到农时与生产，也遭到一些有识之士的反对。《永州府志》就记载五代时萧结任祁阳令，太守下公文催取端午竞渡龙舟甚急。萧结愤怒地在其符（公文文书）上批道：“秧开五叶，蚕长三眠，人皆忙迫，划甚闲船。”太守看了以后，也感到惭愧，令止竞渡。

宋代以后，端午节的许多风俗有了新变化。汉魏时以朱索、桃印施于门户，止恶气驱瘟辟邪，而宋代却讲究贴天师符。陈元靓《岁时广记》引《岁时杂记》云：“端午，都人画天师像以卖。”还有和泥做张天师，以艾为头，以蒜为拳，置于门户上。苏子由作《皇太妃阁端午帖子》诗中就有“太医争献天师艾，瑞雾长绕尧母门”。挂天师像、做泥天师人，这些活动很明显是受到道教的影响。此外，端午节还刻蒲棒为人形或葫芦形，带在身上辟邪。王曾《端午帖子》诗云：“明朝知是天中节，旋刻菖蒲要辟邪！”小儿则有帛裹蚌粉，缀填以棉絮，佩于身上，可以吸汗气。端午节常食的粽子，此时也花样增多，有角粽、锥粽、茭粽、筒粽、秤锤粽、九子粽多种。从五月一日起家家都准备团粽、蜀葵、桃柳枝、杏子、柰子、林檎、香印等物，到端午还要祭天。食品中还有一种“百头草”，是用菖蒲、生姜、杏、梅、李子、紫苏，皆制成细丝，盐浸晒干，或用糖、蜂蜜浸之，做工十分讲究。有的还纳入梅子皮内，叫做“酿梅”。唐代的白粉团，在宋代亦有发展，又叫“水团”或“白团”，有的杂以五色，制成人兽花果之状。做工最精者称为“滴粉团”，为了增其香味，有的还加入麝香。这些都是端午食中的佳品。吴自牧《梦粱录》记载汴京重五风俗写道：“五日重午节，又曰‘浴兰令节’，内司意思局以红纱彩金盝子，以菖蒲或通草雕刻天师驭虎像于中，四周以五色染菖蒲悬围于左右。又雕刻生百虫铺于上，却以葵、榴、艾叶、花朵簇拥。内更以百索彩线、细巧镂金花朵，及银样鼓儿、糖蜜韵果、巧粽、五色珠儿结成经筒符袋。”并且这天皇帝要亲笔御书葵榴画扇，并以艾虎、纱匹缎，分赐诸阁、宰执、亲王。端午赐大臣物品无疑是上承唐风，然而能御书画扇者恐怕只能是北宋末年的徽、钦二帝了。尤其是宋徽宗，这位昏庸帝王治国无能，但不能不承认他在书画艺术上的造诣。所以端午御笔涂抹几把葵榴画扇正是他的看家本领。宋徽宗对五月五日这个“恶日”俗忌也颇为看重。在唐代，似乎人们对此不太重视，如《旧唐书·崔信明传》记载崔信明就是五月五日申时生的。出生时有异雀，身形甚小，羽毛五色，集于庭院树上鼓翼齐鸣，声音清亮。有人给占卜云：“此儿必文藻焕烂，声名播于天下。只是雀形太小，恐禄位不高。”后果然如此。当时并未提恶日之忌。《陕西通志》还记载：唐肃宗时张伯达也是五月五日生，称“五郎”，但是他15岁游长安，以节义自负，后平安禄山叛乱有功，当地方官也颇有善政，所以后人还给他立祠纪念。据《癸辛杂识》记载，宋徽宗也是生于五月五日，因俗忌改做十月十日，并称为“天宁节”。改生日为天宁节却改不了天下的命运，也改不了他自己的命运，不仅天下不宁，而且落得国破家亡，被金兵掠去，身死五国城。

《梦粱录》记载：南宋时，“杭都风俗，自初一至端午日，家家买桃、柳、葵、榴、蒲叶、伏道，又并市、菱、粽、五色水团、时果、五色瘟纸，当门供养”。端午节日用品叫卖者，从隔宿到五更，沿门唱卖，满街不绝。有的人家以艾与百草缚成天师状悬于门楣上，有的悬虎头。而仕宦之家还用红笔书写“五月五日天中节，赤口白舌尽消灭”之句。此日大家都采集百草或修制药品，用来避瘟疾。杭州人还有特殊的风俗，不论大小之家，都要焚午香（即中午焚香）一月。尤其是端午节这天，葵榴斗艳，栀艾争香，角黍包金，菖蒲切玉，以酬佳景。不仅是富户巨室如此，虽贫苦之人，亦对时行乐。

至于南宋偏安的小朝廷宫中，更是纸醉金迷的醉生梦死的世界。像《乾淳岁时记》叙述端午宫中习俗，要插食盘，架设天师艾虎，还用五色菖蒲、百草制作山子数十座，“大合三层，饰以珠翠，葵榴艾花”。做糖蜜韵果、糖蜜巧粽，极其精巧。还用大金瓶子数十，遍插葵榴、栀子花，环绕殿阁。赏赐给后妃、内侍、诸阁臣僚的物品有翠叶五色、葵榴、金丝坠扇、珍珠、百索、钗符、经筒、香囊、软香龙涎佩带以及紫练、白葛、红蕉等物。而其他大臣也要赏赐细葛香罗、蒲丝、艾叶、彩团、巧粽之类。可见当时端午节之豪侈，与原来“避恶”及“纪念”意义已相去甚远。

值得一提的是汉族端午节风俗也被辽金两国吸收。如《辽史·礼志》就记载辽国重午朝仪，皇帝要系长寿彩缕才升坐。对南北臣僚也要各赐寿缕。而金国除吸收一些汉族风俗外，在端午节还有拜天之礼、射柳之俗及击鞠娱乐活动。《金史·世宗本纪》就记载：大定三年（1163年）重午，金世宗“幸广乐园射柳，胜者赐物有差，复御常武殿，赐宴击鞠，自是岁以为常”。《金史·礼志》对此俗有详细叙述。金俗重午、中元（七月十五）、重九日行拜天之礼，筑台拜天。重午拜天之后，插柳球场，射者要以尊卑为序。柳枝要去皮露白，离地数寸。然后驰马弯弓而射。射不断或射不中者为负。射柳时要击鼓助威。射柳完毕要打马球（打马球活动前章已作介绍，不再赘述）。风俗是彼此影响、互相吸收的。所以到了明代，端午节又吸收了金人射柳的风俗。明永乐年间禁宫中就有剪柳之戏，剪柳即射柳。北方人还将鹁鸽鸟藏在葫芦中，悬于柳枝，弯弓射之。如果射中葫芦，鹁鸽就飞出来，以此来定胜负。这种民间比赛也是常在端五节举行，考其渊源，正是辽金遗俗。

4 龙舟竞渡，卫生保健

明清时期，端午风俗活动形式变化虽不大，但是规模却愈来愈盛。尤其南方龙舟竞渡，成为轰动一时的盛举。据《武陵竞渡略》记载，龙舟竞渡已不限于端午一天，而是“四月八日揭篷打船，五月一日新船下水，五月十日十五日划船赌赛，十八日送标”。还有“五月十七八打船，二十七八送标者”。可见竞渡规模历时经月。对此事“或官府先禁后驰，民情先鼓后罢也”。龙船形制，中等长九丈五尺，长者有十一丈，短者也七丈五尺。划龙舟的桡手都是从渔家严格挑选募征的身强力壮的健儿。龙船分白龙、黄龙、青龙、红龙。不仅船身，就连船上那些旌旗罗伞的装饰，以及划船桡手们的服装乃至船桨都是一色的。比赛时规定有赛龙场、比赛路线并画定起点和终点。在终点设有标船，当竞渡龙舟到达终点时，投标船就将标投入水中，让各船争夺。标又分有鱼标、鸭标和铁标。因标上系有红锦缎，故也叫“锦标”。夺锦标在唐人诗句中已有之，如卢肇《江陵观竞渡寄袁州刺史》诗就有“问道是龙刚不信，果然夺得锦标归”之句。但是这种大规模龙舟竞渡夺标，也经常引起争斗事件，互伤和气。所以往往被官府禁止，有的就直接由官府主持比赛，禁止两岸抛掷砖瓦及赛船之间举桨相斗。

武陵沅湘一带竞渡活动如上所述，其特点是气势磅礴，船大人多，风格粗犷豪迈。而杭州西湖中龙舟竞渡则另具特色。吴地习俗称呼龙舟竞渡为“划龙船”。《清嘉录》记载：“龙船，阊、胥两门，南北两濠及枫桥西路水滨皆有之。各占一色，四角枋柱，扬旌拽旗。”不过西湖龙船的形制及划法却另有很多讲究。在龙船中舱伏有鼓吹手，两旁划桨16人，俗称其人为“划手”；在船头有一位篙师，手执长钩立于船头，叫“挡头篙”；在头亭之上，还要选长相端庄漂亮的小孩，装扮台阁故事，俗称为“龙头太子”；船尾高丈许，牵有彩绳，令儿童在上面化装扮成“独占鳌头”、“童子拜观音”、“指日高升”、“杨妃春睡”等戏剧人物造型。有竞渡龙船，也有画舫游艇供游客观龙船比赛。在正式比赛前数日，就开始祀神并在水中演练，称作“下水”；上岸后送神称作“拔龙头”。当头的人率里巷游水能手，年前就用带叶竹竿插树桥头，为来年出龙认色，做好准备工作。认色时，舱手执五色小旗插在画舫之上，竞赛诸龙船各认自己的旗色，认旗色时龙船来回盘旋，叫做“打招”，船身一旋，水如溅珠，金鼓之声与水声相激，场面热闹动人。杭州一带龙舟竞渡仪式繁多，花样复杂，娱乐性和表演性更强。到了端午这天，“男女耆稚，倾城出游。高楼邃阁，罗绮如云，山塘七里，几无驻足之地。河中画楫，栉比鱼鳞，亦无行舟之路。欢呼笑语之声，遐迩震动。士人供卖要货、食品，所在城市，凡十日而罢。俗呼‘划龙船市’。入夜燃灯万盏，灿星吐丹，波月摇白，尤为奇观，俗称‘灯划龙船’”。《清嘉录》描述了如上端午节盛况后，还引了一首无名氏《划龙船》乐府诗云：

汨罗已死三千年，招魂野祭端阳前。
苏州龙船夸绝胜，百万金线水中迸。
冶坊浜口斟酌桥，楼头水面争妖娆！
小龙船划疾如驶，大龙船划乱红紫。
胜会争夸十日游，青帘画舫结灯球。
四更堤外笙歌散，博得人称假虎丘。

明清时代，龙船竞渡之风不仅在沅湘吴越之地盛况空前，在东南沿海的福建、广州及四川一带均很盛行。除北方无水乡之外，龙船竞渡成为各地普及的风俗。现存全国各地的数千种方志中，共有 227 种方志有龙舟竞渡的记载，虽然形式或有出入，但基本上都大同小异，故不再浪费笔墨，一一引述。

明代把端午又称“女儿节”。《帝京景物略》云：“五月一日至五日，家家妍饰小闺女，簪以榴花，曰‘女儿节’。”不仅节日名称有异宋代，而且民间风俗也有变化。来自民间的许多夏令卫生保健活动，也掺杂在这个节日习俗中。例如在五月五日正午前，人们要群入天坛去避毒，过了正午才出来。在端午节还讲究捉蛤蟆取蟾蜍，其方法是用针刺破蟾眉，将蟾蜍汁挤出。蟾蜍是一味珍贵的中药，可拔毒、消热、消肿，治疗疔毒恶疽有奇效。以菖蒲渍酒饮用避恶气，用艾叶插门为前代之遗俗。明代新出现的风俗是用雄黄涂耳鼻，认为这样可以避虫毒。据《闽越搜奇谈》云：闽地在五日，还以雄黄浸水，蘸书“王”字于儿童额上，这种风俗称做“画额”。古人对雄黄杀虫驱毒的作用早有认识，葛洪《抱朴子·仙药篇》对此已有论述。李时珍《本草纲目》也解释“雄黄味辛温有毒，具有解虫蛇毒、燥湿、杀虫驱痰功效”，可“主治百虫毒、蛇虺毒”。在没有碘酒和红药水的年代里，我们的祖先用白酒浸雄黄，再加几块白矾，待酒挥发干后，便成了雄黄矾，用来杀菌消毒。因此，每逢端午节，人们把房子打扫干净，在房内食物贮存处及厨房里洒上雄黄水，用来杀死或防止毒虫。正因古代人十分重视端午用雄黄防毒虫，所以，在《白蛇传》的故事及戏剧中，才有白蛇端午饮雄黄酒现原形的情节。这个故事妇孺皆知，流传至今。

宋代就出现的端午贴天师符风俗，到明清时更为流行。不但有天师符，还有“五雷符”、“纸符”、“五毒符”、“五瑞符”等。《清嘉录》记载吴地风俗从五月朔日，人们就从道院求得天师符贴厅中以镇恶，到六月朔始焚而送。也有从佛门去求者，多是在红、黄、白纸上，用朱笔画韦陀镇凶。当然韦陀是佛门护法，不是道教天师。就是小户人家也多贴五色桃印彩符，有的还在彩符上画姜太公、财神、聚宝盆、摇钱树之类。到道观或寺院请符，必须要先拈香朝拜，再付给道士或和尚符金，才能买到。在论年节时我们谈到门神钟馗，在明清之际，却让门神位于尉迟敬德、秦叔宝，而在五月端午，坐上了中堂。吴曼云《江乡节物诗》小序写道：“杭俗，钟进士画像，端午悬之以逐疫。”其实，不仅杭俗如此，《燕京岁时记》记述北京风俗也是一样，“每至端阳，市肆间用尺幅黄纸，盖以朱印，或绘画天师、钟馗之像，或绘画五毒符咒之形，悬而售之。都人士竞相购买，贴之中门，以避祟恶”。

根据《帝京岁时纪胜》与《燕京岁时记》记载，清代北京端午风俗，与明代差不多。“家家悬朱符、插蒲龙艾虎。窗牖上贴红纸吉祥葫芦，幼女剪彩叠福，用软帛缉缝老健人、角黍、蒜头、五毒、老虎等式。抽作大红朱雄葫芦，小儿佩之，宜夏避恶”。这种风俗直到解放初在北方农村尚比较流行。陕西关中农民每年端午就用布缝制五毒、老虎、葫芦等各色香囊，不过里边除装雄黄、艾叶外，有的还装入香料，闻来清香宜人，吊上五色丝线，佩于小儿胸前。清代端午人们也极力打扮小女儿，已出嫁之女也可回家归宁，故又称之“女儿节”。其他游览、射柳、端午避恶风俗基本沿袭明代，均无多大发展。

清代南方尤其吴地端午风俗讲究要稍多一点。

贴天师符，挂钟馗像，还要截蒲为剑，割篷作鞭，辅以桃梗、蒜头，悬于床户，用来却鬼，称为“篷鞭蒲剑”。北方五毒符一般是画于黄纸，而杭州五毒符是用五色彩纸剪出蟾蜍、蜥蜴、蜘蛛、蛇虺等五毒形象。从汉代就流传下来的朱索、续命缕遗俗，在杭州清代时却被称为“长寿线”。结五色丝为索，系在小儿臂上，一般男左女右。对小儿来说，还有一种风俗，就是编铜钱为虎头形，挂在小儿胸前，以示其服猛，称作“老虎头”；有的给小儿肚兜上彩绣虎形，称作“老虎肚兜”。这些风俗一直流传到近现代，有些至今还颇盛行。

新中国成立后，经过几十年的移风易俗，端午节许多旧的迷信风俗已被淘汰。不过，端午节仍是民间深受欢迎的传统节日，粽子是不可缺少的佳节食品，谈屈原、讲爱国主义精神也是必然的话题。

六 七夕节

爱情是千古不衰的话题，带有悲剧色彩的爱情故事更有动人心弦的特殊魅力。反映在节日习俗中，西方有传统的“情人节”，中国有独具风采的“七夕节”。每逢“七夕”，民间姑娘和少妇有乞巧的风俗，故“七夕节”又叫“乞巧节”。又因这个节日的主要活动者是女性，故亦称“女儿节”或“少女节”。每当初秋晴朗的夜晚，人们坐在庭院纳凉时，仰望着深邃苍穹上璀璨的繁星，常给孩子们讲起牛郎织女的故事，这个美丽的神话爱情故事，就是七夕节的来源。夏夜繁密星光组成一条白茫茫的星带纵贯南北，我国古代把这条星带称为“天河”，在天文学里称之为“银河系”。在天河（银河）之西的星座中，有一颗发出青色光辉的明亮的星星，这就是织女星；天河东部天鹰星座内，和织女星遥遥相对的一颗明星，放射着橙黄色的光芒，它就是牵牛星，民间称牛郎星（星图上称“河鼓星”）。织女星旁的四个小星（即“渐台星”）组成平行四边形，象征着织女的织布梭子；牛郎星（河鼓）与它旁边的两颗小星构成一副担子，象征牛郎担着的两个孩子。牛郎配织女的神话故事就是从这几颗星而兴起的。

历史传说

牛郎织女的神话传说究竟起源于何时，至今尚在五里烟雾之中。

但从历史文献来看，三四千年前，随着古代人对天文的认识，传说就产生了。在《夏小正》中就有“是月织女东向”的记载。但是，《夏小正》这本书究竟是何时的著作，史学界尚有争议。就“织女星”的名称来说，应当起源于人类进入文明时代的纺织业。那么，最晚在夏商时期已有织女星的称呼了。这种星名出现本身就是有关织女的民间传说在天文学上的反映。在西周的民歌《诗经·小雅·大东》中，已有这种原始民间传说的痕迹：

维天有汉，监亦有光。
跂彼织女，终日七襄。
虽则七襄，不成报章。
睆彼牵牛，不以服箱。

在这首民歌里，可以看出人们将天上的星与地上的耕织生活联系在一起。战国至秦汉时，关于牵牛、织女星本身，也具有神话色彩。如《史记·天官书》记载：“牵牛为牺牲。”因为“南斗为庙”，在庙中祭祀必须以牛为祭品。同书又说："织女，天女孙也。"《史记正义》又说：织女为"天女也，主果蓏丝帛珍宝"。甚至，帝王如果至孝，感动神明，织女三星就会又明又亮。否则织女三星就会暗而微，"天下女工废"。织女三星中的大星"怒而角"，则天下"布帛涌贵"。从这些"天人感应"的占星学中，可以折射出原始神话故事的光辉。虽然先秦时织女、牵牛星已被人格化了，但是，他们之间还未发生爱情纠葛，分别居于银河两岸，因此"七夕"也不是一个节日。

当历史的长河流淌了几百年，从战国经秦朝，进入汉代，封建制度已经完善，男耕女织的小农经济模式也已定型，于是，人间男耕女织的小农经济模式也反映到天上。牛郎牵的牛不再是庙中做祭祀的牺牲品，身份极为高贵的天女也考虑下嫁牛郎了，于是织女、牛郎之间的爱情纠葛也随之产生。汉代《古诗十九首》中有诗云：

迢迢牵牛星，皎皎河汉女。
纤纤擢素手，札札弄机杼。
终日不成章，泣涕零如雨。
河汉清且浅，相去复几许？
盈盈一水间，脉脉不得语。

看来他们之间的爱情故事一开始就不那么顺利。一条又清又浅的天河把他们隔在两岸，虽说相距不远，但这"盈盈一水"之隔，却连一句话也说不上，只能害相思病。

据现有文献记载来看，织女与牵牛的正式结婚已到了南北朝时期。南朝梁殷芸的《小说》（《月令广义·七月令》引）记载：织女是天帝之女，年年在机杼上纺织，织成了锦缎般的云霞天衣，由于劳累，容貌却无暇修整。天帝见她独居十分可怜，把她许嫁给河西牵牛郎。出嫁后“遂废织杼”，引起天帝大怒，“责令归河东，但让一年一度相会”。作为完整的爱情神话故事，殷芸的记载已经形成一个梗概。作为婚姻，织女、牛郎从汉代到魏晋相爱了几百年，却结成一桩不幸的婚姻。而且织女变成了婚后慵懒的典型，作为耕田织布的劳动人民对这个形象当然也是不满意的。于是，民间艺人反复加工，长期口头流传，终于形成了另一个美丽动人的民间故事。

牛郎的父母早逝，与哥嫂在一起生活，常受哥嫂的虐待。后来哥嫂分给他一头老牛，让他自立门户。这头老牛是金牛星变的，有一天，老牛突然能说话了，它告诉牛郎说：织女和别的仙女要到银河里去洗澡（那时天地混沌初开，银河距离人间不远），让牛郎趁仙女们洗澡的机会，把织女的衣裳拿走，就可以得到织女做妻子。牛郎听了老牛的话，悄悄到银河岸边芦苇丛中躲起来，等待仙女们来临。

那一天，美丽的仙女们果然来到银河，脱下云霞般的锦绣衣裳，在清澈的河水里嬉戏沐浴。牛郎突然从芦苇丛中跑出来，从一堆仙女衣裳中拿走了织女的衣裳。惊慌失措的仙女们纷纷上岸穿上自己的衣裳飞走了，只剩下没有衣服穿的织女。牛郎要她答应做他的妻子才肯还给她衣服。织女对这位莽撞而诚实的少年产生了好感，含羞答应了牛郎的求婚。

他们婚后男耕女织，相亲相爱，生活幸福美满。两人还生了一儿一女。但是，那头老牛不行了，临死前叮咛牛郎："我死后请把皮留下来，遇到急难时就把牛皮披上，它会帮助你的。"老牛死后，牛郎夫妻俩忍痛剥下牛皮，将牛埋在山坡上。

织女原是玉皇大帝的女儿，玉皇大帝和王母娘娘知道她和凡人牛郎成亲的事以后，勃然大怒，命令天神下界，把织女抓回来。天神下界恰好牛郎不在家，就把织女抓回天上。牛郎回家不见织女，也不见银河，原来银河也被王母娘娘施法力搬到天上去了。牛郎和两个孩子放声痛哭，悲痛中突然想起老牛的叮咛，立即披上牛皮，用一担箩筐挑起两个孩子，一出门就身轻如云地飞起来，越飞越轻，越飞越快。他穿过团团云层，掠过灿烂群星，一霎间不知飘过了多少路程，银河已在眼前，织女也遥遥在望，孩子们招手喊妈妈，牛郎心中大喜。这时，王母娘娘心中一急，拔下头上的金簪向银河一划，清浅的银河立刻变成了万顷波涛，牛郎再也飞不过去了。从此，他们只能隔河相望，却无法在一起生活。这条河就成了"天河"；织女气得把梭子一甩，就成了梭子星；牛郎和织女也变成了牵牛星和织女星。牛郎因为挑着两个孩子，所以两边各有一颗小星。

天长日久，玉皇大帝和王母娘娘也拗不过他们之间的真挚感情，准许他们每年七月七日相会一次。人们传说，每逢七月七，空中很少见喜鹊，都到天河给牛郎织女搭桥去了。还有人说，这天晚上夜深人静之时，在葡萄架下可以听见这对情侣的亲密话语……

这虽然只是一个民间神话，却十分感人。它反映了封建专制社会中青年男女们对自由爱情的渴望，反映了男耕女织小农经济的农民对幸福生活的追求。因此，在中国几千年的封建社会中获得人们极大的同情。文人把它写入诗歌，说唱艺人把它编成话本，戏剧家把它搬上舞台，美术家把其中的情节绘成图画或雕塑。尤其在宋代，还修了牛郎织女庙。

《古今图书集成·神异典》引《苏州府志》曰："织女庙，庙在太仓州南七里黄姑塘。宋咸淳五年，嘉定知县朱象祖重修。……旧立牛、女二像。建炎时，士大夫避难东冈，有经庙中，壁间题云：'商飙初起月埋轮，乌鹊桥边绰约身；闻道佳期惟一夕，因何朝暮对斯人？'乡人因去牵牛，独存织女。"

2 七夕节俗的形成

如前所述，牛郎织女的恋爱开始于汉代，因此，七夕节的形成也在汉代。汉代已有此夜牛郎织女相会的传说。唐代韩鄂《岁华纪丽》中引《风俗通》记载："织女七夕当渡河，使鹊为桥。"宋代陈元靓《岁时广记》引《淮南子》云："乌鹊填河成桥而渡织女。"因此，在汉代"七夕"之夜，人们纷纷走出家门，三五成群地去看织女渡河与牛郎相会。《西京杂记》记载：汉代彩女们在“七夕”这天，“穿七孔针于开襟”。汉高祖的宠妾戚夫人有一个丫环名叫贾佩兰，后来出宫，嫁给扶风人段儒为妻。贾佩兰在宫中，每临七月七日，都要在百子池旁跳于阗舞，然后，又用五色线相系，称之为“相连爱”。从上述记载看，“穿七孔针”无疑是后来“乞巧”风俗的先声；看织女渡河与用五色线结“相连爱”，也是把“七夕”看成爱情节的开始。有关汉代“七夕”节日风俗的记载尽管是零碎的，但足以看出，当时已具节日雏形。

汉代有关“七夕”传说故事最多的莫过于汉武帝。这位封建帝王在历史上开疆拓土，威名显赫。因此，像其他著名封建帝王一样，在传说中他的头顶被罩上一层灵光圈。据《汉武故事》记载：汉武帝于乙酉年（公元前156年）七月七日诞生于漪兰殿。由于“七夕节”风俗影响，所以，汉武帝的生日也就显得非同一般。在《汉武帝内传》中还有关于汉武帝“七夕节”会见瑶池王母娘娘的传说。汉武帝是一个迷信方士神仙的皇帝，他曾登泰山封禅，登嵩山修道斋祭，派人去海外求仙等。元封五年（公元前106年）四月的一天，汉武帝闲居承华殿，正与东方朔、董仲舒谈文论道，忽见一位美丽的少女，身着青衣从空中冉冉而来。汉武帝惊愕地问她从何而来，这位青衣女子回答道：“我墉宫玉女王子登也，是西王母从昆仑山派来的。”她对汉武帝说：“听说你轻四海之禄，寻长生之道，降帝王之尊，而屡次登山岳祀祷，是可以教习道术的。

从今日起要持清静而斋戒，不理人间事。到七月七日，王母要到这里来。”汉武帝连忙跪下允诺。说罢，青衣玉女突然不知去向。汉武帝问东方朔：“此何人也?”东方朔说她是西王母紫兰宫玉女，常传使命，“往来扶桑，出入灵州、交关、常阳，传言玄都”。她的母亲昔日曾嫁给北烛仙人，近来又应召还，“使领命禄，真灵官也”。经过博闻多识的东方朔一解释，汉武帝更加深信不疑，于是“登延灵之台，盛斋存道”，将天下四方的政事全委托给宰相去处理。到了七月七日，汉武帝“修除宫掖，设坐大殿”。在宫殿点燃百合香，张开云霞般的锦帏做帏帐，点燃辉煌的九光灯烛，盘中装满玉门大枣，杯中葡萄琼浆美酒，还摆列各种香果，如“天宫之馔”。然后穿上朝服，侍立于阶下，并下令端门之内，不许有偷看者。这时皇宫内外一片静谧，等候王母到来。到了夜间二更多天，西南方白云升起，冉冉向宫中飘来。须臾已可听到云彩间有箫鼓音乐、人语马喧之声。过了半顿饭时间，王母已来到殿前，群仙如鸟集于殿，光耀庭宇。王母乘紫云辇，驾九色斑龙。两旁有五十位天仙，皆乘一丈多长的銮舆。王母在两位侍女的搀扶下上了大殿，王母的侍女看上去有十六七岁，都是明目流盼、神姿焕发的绝世美女。而王母神采鲜明，仪态肃穆，佩带着灵飞大绶带，腰悬分景之剑，头上高挽太华发髻，头戴太真晨婴冠，足登玄璃凤纹靴，看上去似乎有30多岁，“天姿掩蔼，容颜绝世”。王母下车登殿后，汉武帝上前跪拜问安。王母令汉武帝南面而坐，令侍女摆上珍馔佳肴，连汉武帝也叫不上名字。又命侍女用玉盘端来七颗仙桃，王母自食三颗，让汉武帝食四颗。桃味甜美得难以形容，入口即化，余味无穷。汉武帝吃完后将桃核收起来准备留作种子。王母告诉汉武帝这种桃树三千年才结一次果，而“中夏地薄，种之不生”，汉武帝乃止。王母还召上元夫人来见武帝。王母从紫锦囊中取出一卷名叫《五岳真形图》的天书赐给武帝；上元夫人又传授给汉武帝召天甲、左右灵飞之符方。有了这个符方就可以“召山灵，朝地神，摄总万精，驱策百鬼，束虎豹，役蛟龙”。这个“七夕会王母”的故事把汉武帝描绘成了半人半仙的怪物，显然是后来道教徒根据民间传说编出来的神话。这个神话传说见于《汉武帝内传》。值得注意的一点是这些神话故事都与“七夕”有关，因为七夕节的形成就起源于神话故事。

由于汉代七夕节风俗的影响，牛郎织女的神话也日益广泛传播。汉武帝时，在长安昆明池畔还树立了大型牛郎、织女石刻雕像（在今陕西长安县斗门镇附近），并被汉代文人墨客在诗文中反复吟唱。汉代神话故事与方士神仙术互相影响，赋予了七夕节十分浪漫的色彩。神话传说本来起源于民间，反映到帝王宫廷，由于汉武帝迷信神仙，上行下效，又播散到民间，成为一个深受人民重视的节日。

 七夕风俗的兴衰

如果说“七夕节”在汉代是形成阶段，那么到了

魏晋南北朝时期，随着牛郎织女爱情神话故事的进一步广泛传播，故事情节日趋完善，“七夕节”也逐步成为人们普遍都过的节日，“七夕”的活动也日益丰富。不仅沿袭了汉代七月七日“曝衣”的风俗，还出现了“晒书”的风尚；“七夕”不仅有汉代的穿七孔针，而且以瓜果祭牛郎、织女，“乞巧”风俗初步形成。

七夕为牛郎、织女聚会之夜，文人骚客作文赋诗，借天上的爱情神话，叹人间的悲欢离合。因此，魏晋以后咏七夕的诗赋很多，像傅玄《拟天问》中说：“七月七日，牵牛、织女会天河。”晋王鉴《七夕观织女》诗中写道：“牵牛悲殊馆，织女悼离家，一稔期一宵，此期良可嘉。”人们当时把七夕视为佳节良宵，于此可见一斑。七夕观织女，穿针乞巧的风俗已极为普遍。如《荆楚岁时记》中记载，每到七夕之夜，妇女们趁牛郎织女相会，怀着愉快的心情，用彩线穿七孔针。这时还摆设香案，上置瓜果，向织女乞巧。她们暗暗祈祷，互相祝福；如果夜里有喜子（一种红色长腿小蜘蛛）结网于瓜果上，就被认为得到了织女的青睐，必然乞得心灵手巧，万事如意。因此，北周庾信《七夕赋》中描写的“此时并舍房栊，共往庭中，缕条紧而贯矩，针鼻细而穿空”，就是这种乞巧的风俗。《舆地志》还记载齐武帝时修了一座城观，每到七月七日，宫女们都登上这座城观来穿针，世人称之为“穿针楼”，可见穿针乞巧风俗之盛。当时不仅有“乞巧”，还有“乞富”、“乞寿”、“乞子”之俗。周处《风土记》云：七月七日夜，人们打扫庭院，摆上几筵，再上美酒食品、时令果品，撒上香粉而祭。如见银河中有奕奕正白气，闪耀着五色的光芒，就是织女、牵牛相见的征兆。这时便要下拜，根据自己的愿望，或乞求富贵，或乞求长寿，没有儿子的也可以乞子。但是，只能乞求一个愿望，不能既乞富又乞寿，更不能三个愿望一起乞，并且要诚心诚意地连乞三年，才有效验。因为织女、牛郎是劳动者的形象，他们夫妻爱情坚贞，牛郎勇敢勤劳，织女心灵手巧，所以，“乞巧”风俗反映了劳动人民向勤劳手巧的织女学习劳动技能的强烈愿望。魏晋南北朝时期，又是我国历史上一个大动乱时期，人们在地主的压迫下，在军阀混战的割据中求生存，往往不是被拉去当兵，死于战场，就是在混战中死于非命，再不然就是在饥寒交迫中冻饿而死，追求富裕生活和长寿的愿望在现实中得不到实现，于是便向天上的神话人物去乞求。在封建社会，农民被紧紧地束缚在土地上，有劳动才能有生活保障，生儿育女是劳动力的再生产，于是也向有纯真爱情的织女夫妇去乞子求女。

汉代登楼晒衣的风俗到魏晋时演变出晒书习俗。据王隐《晋书》（已佚）记载，司马懿因权力太盛受到魏武帝的猜忌，因此装疯病躺在家中，魏武帝派亲信令史来探察，时值七月七日，装疯病的司马懿却在家中晒书。令史回去向魏武帝禀报，魏武帝勒令司马懿回朝任职，若不来便要收捕。此令一下，果然奏效，司马懿不得不回朝从命。当时文人学士都讲求虚名，往往以晒书来显示自己的书多和知识渊博，因此形成晒书的风尚。所以，司马懿尽管装有疯症，到这一天也要晒书。当时也有蔑视礼法，专门反时俗者。像《世说新语》说，七月七日人皆晒书，而赫隆这一天正当午时，仰卧在院中敞开怀晒肚皮，人问其故，他说："我晒书。"这一方面是对世俗晒书习俗的蔑视，另一方面也是标榜肚子里读的书多，所以晒肚皮也是晒书。汉代晒衣的风俗在魏晋时给了某些富户夸富的机会，到七月七日都拿出好衣服来晒，以夸耀富贵。如《晋书·阮咸传》记载：阮咸性格放荡不羁，与其叔阮籍同游竹林，是晋代著名的"竹林七贤"中的两位。他叔侄俩住在道南，而道北也居住一些富庶阮姓人家。七月七日，道北阮姓富户都大晒衣服，挂出来的衣服都是锦绣绫罗，灿烂耀目，以此来夸富贵。而阮咸呢，却在庭院里用长竹竿挑起一块又脏又旧的破布片，有人奇怪地问他干什么，他回答说："未能免俗，聊复尔耳！"魏晋时士族大地主争名斗富的腐朽淫糜之风，以及文人士子蔑视礼法、放荡不羁的清谈之风，都在七月七日晒书、晒衣的节日风俗中得到反映。

长安城中月如练，家家此夜持针线。
仙裙玉佩空自知，天上人间不相见。

崔颢这首《七夕》诗形象地描述了唐代长安七夕节穿针乞巧的风俗。当时长安家家户户的少女少妇，持针线、供瓜果、摆香案，向织女乞巧。直到更深夜静，她们抬头望着满天璀璨的星斗，意兴甚浓。如祖咏的《七夕乞巧》诗所写：

闺女求天女，更阑意未阑。
玉庭开粉席，罗袖捧金盘。
向日穿针易，临风整线难。
不知谁得巧，明旦试相看。

究竟织女渡河谁曾见过？乞巧谁能得巧？唐代人并不像汉魏时人那样迷信，对神话传说只是当传说故事对待。杜甫在《牵牛织女》诗中就明确地写出：“牵牛出河西，织女处其东。万古永相望，七夕谁见同？神光意难候，此事终蒙胧。”既然谁也未见过织女牛郎在一起，那么为什么人们要来拜星乞巧呢？杜甫诗中解释少女的心理状态说：“嗟尔未嫁女，秉心忧忡忡。防身动如律，竭力机杼中。虽无姑舅事，敢昧织作功。”原来是这些未嫁的少女，忧心婚后的生活能力，所以不能不抓紧学习纺织针线女工，虽然尚没有姑舅之间的矛盾，也不敢不练习织作。再者“义无弃礼法，恩始夫妻恭。大小有佳期，戒之在至公”。迟早婚姻佳期都会来临，练好女工既是为了夫妻恩爱，生活美满，也合乎古代礼仪法度。这正是男耕女织小农家庭中女性的实际思想状况。

《桂苑丛谈》关于唐代“七夕”乞巧还记载了一个历史上流传很广的“金针度人”的故事。传说唐肃宗时，郑代任润州刺史。郑代之兄名郑侃，其嫂张氏，生有一女名郑采娘，端庄贤淑，在七夕夜陈瓜果香案向织女乞巧。晚上梦见云雨蔽空，织女来问采娘需要乞何福，采娘回答愿乞巧。织女送给她一枚寸余长的金针，缀在纸上，让她三日不要告诉人，便可得巧，不久还可变成男子。过了两日，她却告诉了母亲，母亲感到奇异，非要看一眼。结果一看变成了一张空纸，针迹犹在。后来，采娘死后又另托生，变成了男孩。这个故事虽然荒诞不经，但流传颇广。后来用“金针度人”比喻传授某种秘法绝技。金人元好问《论诗绝句》就有“鸳鸯绣出从教看，莫把金针度与人”。

七夕少女拜星乞巧，也正是那些少年才子赋诗扬才的好机会。《唐诗纪事》说：林杰幼年时有奇才，出言成文。五岁时被唐中丞召入学院，恰遇七夕节，唐中丞就让林杰赋《乞巧》诗，以试其才。林杰援笔一挥而就：

七夕今宵看碧霄，牛郎织女渡河桥。
家家乞巧望秋月，穿尽红丝几万条。

唐中丞读诗后，赞叹道：“真神童也！”

平民百姓家少女乞巧“穿尽红丝几万条”。但民间远远不及皇宫中乞巧讲究排场。唐玄宗这位风流天子对七夕节非常重视，他在宫中建了一座“乞巧楼”。据《开元天宝遗事》记载，这座“乞巧楼”是宫中以锦结成楼殿，高达百尺，可以坐数十人。在楼上陈列瓜果酒炙，摆设坐具，以祭祀牵牛、织女二星。对宫中妃嫔们各赐给九孔针、五色线，在月光下穿过者为得巧。乞巧后，演奏清商妙曲，欢宴达旦。以至城中士民之家都仿效宫中乞巧。诗人王建在《宫词》中写道："每年宫里穿针夜，敕赐诸亲乞巧楼。"北宋西昆体诗人钱惟演《七夕》诗五首中有：

骊阜凌云对玉钩，千门高仞绛河秋。
欲闻天语犹嫌远，更结三层乞巧楼。

这里的"骊阜"指骊山华清宫，"玉钩"指七夕秀月，诗中写的是骊山华清宫乞巧盛况。七月七日酷暑未过，唐玄宗往往与宠妃杨玉环避暑华清宫，这里的乞巧又是一番景象。据《开元天宝遗事》载，唐玄宗与杨贵妃在华清宫游宴，七夕让宫女陈瓜果、插鲜花、设酒馔列于庭中，乞求于牵牛、织女。最富有特色的是"各捉蜘蛛，闭于小盒中，至晓，开视蛛网稀密，以为得巧之候。密者言巧多，稀者言巧少，民间亦效之"，这叫做"蛛丝卜巧"。以蛛丝占卜吉凶在汉代已有之，汉人焦延寿《易林·未济·蛊》中曾有"蜘蛛作网，以伺行旅"的记载。魏晋时乞巧是等蜘蛛结网于瓜果上，唐代就变成了捉蜘蛛于盒占丝网乞巧。《云仙杂记》中还有"洛阳人家乞巧，使蜘蛛结万字"的说法。杜甫《牵牛织女》诗中"蛛丝小人态，曲缀瓜果中"的诗句也是描写妇人乞巧、候蛛丝结网的情景。

有一年，唐玄宗与杨贵妃临幸华清宫，住在长生殿。这夜正值七夕乞巧节。夜阑人静之时，杨贵妃这位多愁善感的绝代佳人突然抽泣起来，最后放声大哭，简直成了泪人。唐玄宗温存劝慰，收效甚微。过了好久，杨贵妃才说出心事："妾遥望牛郎、织女二星，不由得真慕其夫妻长久，妾恐自身不如也！"玄宗再三追问是何原因，杨贵妃才又说："妾览前史，每见时过境迁，秋扇抛残，怎能不为之伤情呢？"杨贵妃所忧虑的并非没有道理，那些皇宫妃嫔，年轻时以美色事君，人老珠黄时就往往色衰爱弛，遭到无情抛弃。杨贵妃的衷曲深深打动了唐玄宗，这对老翁少妇遂互相盟誓，"在天愿作比翼鸟，在地愿为连理枝"，生生世世永不分离。白居易《长恨歌》中所写的"七月七日长生殿，夜半无人私语时。在天愿作比翼鸟，在地愿为连理枝"就是叙述这一情景。这段宫廷艳史，后来被写入传奇小说，编成中国历史上有名的一出戏剧——洪昇的《长生殿》。

当唐玄宗与杨贵妃绵绵盟誓之时，已经埋下"安史之乱"的祸根，杨贵妃落了一个马嵬自缢的悲惨结局。李商隐在《马嵬》诗中尖刻地讽刺道：

此日六军同驻马，当时七夕笑牵牛。
如何四纪为天子，不及卢家有莫愁。

莫愁为古代女子之名。《乐府诗集》中梁武帝《河中之水歌》写道："河中之水向东流，洛阳女儿名莫愁……十五嫁为卢家妇，十六生儿字阿侯。"只有像莫愁那样的民间姑娘，才有希望求得像牛郎织女那样坚贞不渝的爱情。而唐玄宗虽然四纪（一纪十二年）贵为天子，连莫愁也不如。而南唐后主李煜就更惨了，未亡国之前，每到七夕，在宫中用红白罗百匹，拉开象征天河，一夜后再收起（《五国故事》）。《避暑漫钞》记载：李后主降宋以后，常常郁郁不乐。在七夕时，他填了一首词："小楼昨夜又东风，故国不堪回首月明中。"让故宫女演唱，被宋太宗知道后大怒，下令赐死。这位擅长诗词的亡国之君，没有想到因"七夕"怀旧而送了命。

宋明以后，文人多受到理学僵化的思想影响，对"七夕"乞巧风俗表示反感而发出"世风日下"的感慨。如宋代梅尧臣《乞巧赋》认为："心巧于虑，口巧于辞，手巧于技，足巧于驰。"然而这些巧都有一定的限度，故"不可强为"。巧虑过多就会多智多谋，智谋多就使人精魂离散；言辞之巧使人善辩而多语，多言善辩的人罕有仁义，品行多亏；技之巧者不过多能多艺，艺能多只是事于人，而形迹卑贱；足之巧于驰，不过能多跑点路，多走几个地方，而跑的路多则筋疲力尽，使人易于衰老。像这样又何必去"乞巧"呢？他说："吾学圣人之仁义，尚恐后而无知，岂肯乞世间之轻巧，以污吾道，而夺吾之所持。"这真是一篇奇文怪论，充分反映了宋代知识分子的保守思想。

无独有偶，元代杨维祯也有一篇观点类似的《乞巧赋》，他斥责"乞巧"为"下民淫巧"，认为"槌仁提义，巧于文章，非眩民以多方"，提倡"保尔之拙，庶近大道"，要"巧者自巧，吾不知其巧；愚者自愚，吾不知其愚兮"。真是抱残守拙，麻木不仁，一个顽固保守的花岗岩脑袋。这种思想产生于封建士大夫之中也是很自然的。因为牛郎、织女本是劳动人民的形象代表，心灵手巧、长于技能是劳动人民追求幸福生活的条件。而封建社会的士大夫则往往是读几句经书，抱几页故纸，"学而优则仕"，依附于封建帝王，走读书做官的道路，因此"巧"对他们是没有用处的。直到清代，一些保守的士大夫还将西方先进的科学技术斥为"淫巧"、"夷技"，坚决反对引进和学习，正是这种保守落后、以愚为荣的思想的延续。

不管封建文人士大夫们怎样看待七夕乞巧，劳动人民对织女、牛郎的坚贞爱情始终充满了羡慕赞叹之情。宋明以后，封建礼教对人们思想的禁锢日益严重，妇女失去再婚的自由，青年男女不能自由相爱，女不出闺门，男女授受不亲，行别于途，坐不侧视，因此酿成了无数恨海难平、情天难圆的爱情悲剧。唐代以前，封建礼法约束还是很严格的，因此人们对牛郎织女一年才能相会一宵，充满了同情感，反映在诗文中，颇多感慨怜悯之情。宋代以后的诗文中就变成了对牛郎、织女婚姻的羡慕了。宋代著名文学家秦观的《鹊桥仙》就是一个代表作，他写道：

纤云弄巧，飞星传恨，银汉迢迢暗渡。金风玉露一相逢，便胜却人间无数！

柔情似水，佳期如梦，忍顾鹊桥归路。两情若是久长时，又岂在朝朝暮暮。

在七夕之夜，牵牛、织女二星竟夜经天，直到太阳升起才落下去。诗人把他们比喻成夫妻相会。尽管传说他们一年只能相聚一夜，但也比人间有情人难成眷属要强千百倍。诗人感到如果能像牛郎织女那样爱情纯洁持久，即使不能朝暮相处也是幸福的。明贝琼《辛亥七夕》诗中，以为唐玄宗与杨贵妃的恩爱比牛郎织女一年一度相会也不如。“玉环他日无怨恨，更比牵牛织女多!”多情的风流词人柳永《二郎神·七夕》诗中，更唱出“愿天上人间，占得欢娱，年年今夜”的祝愿和感慨。

值得一提的是，从五代到宋代初年，七夕节并不一定在七月七日晚上，而常在七月六日。王林《燕翼贻谋录》云：“太平兴国三年（978 年）七月乙酉诏曰：七夕佳辰，近代多用六日，宜以七日为七夕。颁行天下。盖方改用六日之时，始于朝廷。”而洪迈在《容斋随笔》中也认为是宋太宗赵光义于太平兴国三年七月下诏改六日为七日的，他对七夕为何用六提出疑问：“且名七夕而用六，不知自何时始?”他认为唐代时并无此说，必是出于五代之时。自宋代一直到近现代，七夕定于七月七日再未发生变更。

宋明以后，民间对牛郎、织女的传说和乞巧风俗都有了更进一步的发展。喜鹊七夕架桥之说汉代已经有了，到宋代罗愿《尔雅翼》中有了更详细的记述。过了七月七日，喜鹊头上无故皆脱毛尽髡。相传是牵牛、织女相会于银河以东，以乌鹊架桥劳役，故脱毛。其实，盛暑入秋，喜鹊是按照时令正常地更新羽毛，被人们巧妙地与神话结合起来。民间又出现了七月七日是牛生日的习俗，祝贺牛的生日。像《永平府志》记载，七月七日“为牛生命日，挂花枝于牛角，可无灾”。《禹城县志》也有记载：“七月七日，牧童采野花插牛角，谓之贺牛生日。”原来是牛郎、织女的节日，又增添了“牛”的内容，反映了小农经济对牛的重视。

宋代以后的乞巧活动也更为丰富。《岁时杂记》记载：宋代东京（汴梁，今开封）潘楼出现了民间乞巧市，专卖乞巧物。从七月一日起，乞巧市就车水马龙，人声喧嚷，热闹非凡。到了七夕前的两三日，乞巧市来人剧增，甚至“车马相次拥遏，不得复出，至夜方散”。可见乞巧市上人之多，气氛之热烈。其次，东京的丽景、保康、阊阖门外，以及睦亲、广亲宅前都有乞巧市，只是其规模不及潘楼盛大。京师王公贵戚，多结彩楼于庭，称之为乞巧楼，上陈磨喝乐、花果酒炙、笔砚、针线。儿童作诗，女儿呈巧，焚香倒拜，望月穿针，或以蜘蛛乞巧。有的贵族以黄蜡雕牛与女人形象，或制成鸳鸯、凫雁形象，涂上颜色，置于水中来供奉牵牛、织女神，称之为“水上浮”。而一般市民，无钱扎乞巧楼，就用竹木或麻秆编成“乞巧棚”，剪五色纸为层楼，称之为“仙楼”。上刻牛郎、织女像及王母等仙人，用来乞巧。还有剪纸为“仙桥”，桥上有牛郎、织女，两旁有仙人侍从，以此来乞巧。据《东京梦华录》记述，还有在小木板上覆土，种粟生苗，再在上面制作小茅屋、花木等点缀成小村落之形，里面还有田舍农家人物形象，这称作“谷板”。有的在瓜上刻花纹，称作“花瓜”。还有的用油、麦面、糖、蜜做成花样奇巧的“果食”。又有的以绿豆、小麦、小豆等在小瓷器内用水浸泡，长出数寸长的绿芽，用红蓝彩条束起来，称之为“种生”。这些节日制品都是小农家庭生活方式、审美情趣、价值观念的反映。

值得注意的是，中国的传统风俗并非尽是封闭状态，也经常受到异域风俗的影响，宋代人七夕节中磨喝乐就是典型的一例。磨喝乐也称魔合罗、摩睺罗或罗睺罗，其名系梵语音译，故不大一致，是宋元时代供奉织女、牛郎的一种土偶泥人形象。它来自佛经的神名，在佛经中它属于天龙八部神之一。随着佛教影响的深入，汉人从佛经中汲取这个神名，用来在七夕祭祀牛郎织女。《醉翁谈录》记载：“京师是日，多博泥孩儿，端正细腻。京语谓之‘摩睺罗’，大小甚不一，价亦不廉，或加饰以男女服，有及于华侈者。南人目为巧儿。”《东京梦华录》云：每年七月七日，东京开封的“潘楼街东门外瓦子（市场）、州西梁门外瓦子、北门外、南朱雀门外街及马行街内，皆卖磨喝乐。乃小塑土偶耳”。这种手捏的小泥人儿，装上木雕彩绘的栏座，有的用红纱碧笼做罩子，甚至有用金珠玉翠做装饰的，价值高达数千钱一对！据陈元靓《岁时广记》说，当时东京城所卖的磨喝乐“以苏州最巧，为天下第一”。给皇宫内廷进奉的磨喝乐用金银制成。当时人民觉得生活连泥人儿磨喝乐都不如，因此有人作戏谑文词曰：“天上佳期，九衢灯月交辉。摩睺孩儿，斗巧争奇。戴短檐珠子帽，披小缕金衣，嗔眉笑眼，百般地敛于相宜。转睛的工夫不少，引得人爱后如痴。快输钱，需要扑，不问归迟。归来猛醒，争如我活底孩儿！”为什么磨喝乐这个小泥人竟如此尊贵呢？据《阿弥陀经疏》与《五百弟子本起经》解释：罗睺罗当年曾是一国之王，有一位仙人犯了罪，被禁在安后园里。国王忘记了，六日未供奉饮食，因此坠入黑绳地狱。过了六万年才脱身成胎，又过了六年才出世。六岁出家成佛，成摩睺罗。成道后，入大乘，久住世间者系其变化身。因此，这一佛教神灵在七夕节受到供奉。

乞巧与供奉摩睺罗直到明代仍很盛行。《西湖游览志余·熙朝乐事》说：“七夕，人家盛设瓜果酒肴于庭心或楼台之上，谈织女渡河事。妇女对月穿针，谓之乞巧，或以小盆盛蜘蛛，次早观其结网疏密，以为得巧多寡。市中以土木雕塑孩儿，衣以彩服而卖之，号为‘摩睺罗’。”不过这些都是沿袭唐宋旧俗，没有什么新意。《帝京物略》中却记载了一种新的乞巧方法，即七月七日正午丢巧针。妇女晒一盆水，到中午时，由于灰尘杂物微粒落入水中，漂浮水面，水面结膜。取一枚针投入，针亦浮起。投针后水底之影，有呈云状、花状、鸟兽状者，或呈鞋、剪刀、水茄影者，认为这就是得了巧；如果水底影像粗如棒槌、细如丝线或直如蜡烛，就认为是没有得巧。清代潘荣陛《帝京岁时纪胜》及顾禄《清嘉录》中也记载了类似的乞巧方法。明末清初是相沿袭的。吴曼云《江乡节物诗》

云："穿线年年约比邻，更将余巧试针神。谁家独见龙梭影，绣出鸳鸯不度人。"清代七夕前数日，在瓦盆里种上小麦，来祭祀织女、牵牛之神，称作"五生盆"。到七夕这天，街上到处都卖"巧果"，供给市民。家家设宴，团聚一堂，女儿们拜天河以乞巧。《清朝野史大观·清宫遗闻》在"宫闱岁时"中也记载有搭彩棚、装蛛盆以乞巧的风俗。

直到近代，"七夕"仍然是一个传统节日。南方各地，在"七夕"前，种麦、豆，生嫩芽，称之为"巧芽"。有的还以瓜蔓、葡萄叠作巧芽，在七夕这一夜，妇女、儿童围坐厅前，桌上放一盆净水，各自摘巧芽投入水中。如巧芽上浮，并呈如簪、如钩、如花各种形象者，就算得巧；如巧芽下沉，或者形象平直者，就算没有得巧。不过，七夕节日活动的内容，远不如历史上那样丰富多彩了。

七　中秋节

中秋一词，始见于《周礼·夏官·大司马》：“中秋，教治兵。”根据目前所掌握的文献资料来看，中秋成为节日，应在隋唐之时。因为根据我国目前最早的岁时专著《荆楚岁时记》来看，至少在南北朝时还没有“中秋节”的概念。

但倘若对中秋节的风俗活动溯源，可从先秦时代谈起。中秋节的起源与我国古代秋祀、拜月习俗有关。众所周知，中国是一个古老的农业国家。农业的发展与季节有很大关系，而秋季是一个收获的季节，《说文解字》释“秋”为“禾谷熟也”。在科学尚不发达的时代，无论是播种还是收获，人们往往祈祷土地神，前者为“春祈”，后者称“秋报”或“秋社”。八月中旬，正是秋粮收割之际，一年汗水抛洒在土地上，收获在即，因此，家家拜祀土地神，答谢神的保佑。于是，围绕“秋报”出现了一系列仪式和风俗活动。中秋节的另一源头与我国古代的拜月习俗有关。我国古代就有祭月、拜月之风。在《礼记》中就载有：“天子春朝日，秋夕月。朝日以朝，夕月以夕。”这里的“夕月”就是秋分晚上祭月。可见古代已有春天祭日、秋天祭月的礼仪。到汉魏以后，由祭月、拜月逐步演化出赏月之风。咏月、赏月的诗赋之作，史册所载连篇累牍。如汉代枚乘有《月赋》，南朝梁沈约有《咏月诗》，朱褒、庾肩吾有《舟中望月诗》，张正见有《薄帷鉴明月诗》，此类拜月、赏月之诗，多不胜举。那时这些习俗并不一定局限于某一日，所以也未能形成中秋节。然而，正是这种拜月赏月风俗给中秋节的产生提供了条件。

因为夏历的八月十五日，在一年秋季正中，故称中秋。我国古代人民已经认识到中秋日云稀雾少，秋雨洗尘，此时月光最皎洁、明亮，散发着柔和的光芒，清辉洒满大地。《晋书·袁宏传》记载：“谢尚时镇牛渚，秋夜乘月，率尔与左右微服泛江。”当时已有在秋夜赏月赋诗者。到了唐代，人们中秋赏月已成习俗。诗人欧阳詹《长安玩月诗序》中就认为冬天赏月因繁霜大寒，清冷彻骨，而夏天又多雨，云蒸雾蔽，有损月辉，唯有秋天空气清爽，赏月时令最佳。而“八月于秋，季始孟终，十五于夜，又月之中。稽于天道，则寒暑均；取于月数，则蟾魄圆。况埃壒不流，太空悠悠，婵娟徘徊，桂花上浮，升东林，入西楼，肌骨与之疏凉，神气与之清冷”。正因如此，八月十五的中秋节才是赏月、玩月的最好时令。“十二度圆皆好看，其中圆极是中秋”。中秋节便成了中国人非常喜爱的传统节日。由于中秋节的主要活动内容是赏月、拜月、玩月，所以又俗称中秋节为“月节”或“月夕”。唐代人还将中秋节称为“端正月”，如韩愈《和崔舍人咏月诗》：“三秋端正月，今夜出东溟。”诗中“端正月”就是指中秋节。

1 月宫之谜

中秋节的盛事以拜月、赏月为尚，因此，我们要研究了解中秋节，还得从中国人最初对月亮的认识开始。中秋之夜，一轮皎洁的月亮冉冉升起，晶莹夺目。此时古人仰望深幽苍穹的一轮玉盘，便引起各种不同的憧憬、遐思和联想，那是一个令人十分神往的银色世界。在美国人登月之前，月亮里究竟有什么东西，是人们梦寐以求渴望得到的知识。早在战国以前，古人就传说月中有蟾蜍。屈原在《天问》中发问道：“夜光何德，死则又育？厥利维何，而顾菟在腹？”根据闻一多先生《天问释天》论证，“顾菟”即蟾蜍。因月宫有蟾，所以人们俗将月宫称“蟾宫”。汉代，传说月中除有蟾蜍之外，还有一只玉兔。《太平御览》引刘向《五经通义》云：“月中有兔与蟾蜍。”就连东汉科学家张衡在其《灵宪》一书中也对这一说法坚信不疑。汉魏诗人展开想象的金翅，把兔称作“金兔”、“玉兔”，把蟾称作“瑶蟾”。古代人又常以“金兔”、“玉兔”或“蟾兔”作为月亮的别称。汉晋以来，还传说有一棵大桂树。《太平御览》引《淮南子》云：“月中有桂树。”到了唐代，段成式《酉阳杂俎·天咫》中的记载则进一步演绎出吴刚砍桂的神话。传说月中桂树高达五百丈，这株桂树不仅高大，而且有一种神奇的自愈功能。有一位西河人姓吴名刚，因学仙有过被谪，令他在月宫伐桂树，每砍一斧，斧起而树创伤就马上愈合。因此吴刚在月宫常年伐桂，始终砍不倒这棵树。对月中桂树唐代人传说还称为“月中骞树”，《云笈七签》云：“月中树名骞树，一名药王，凡有八树，得食其叶者为玉仙。”成了这种“玉仙”后，身体透明如水晶、玻璃一般。更神奇的是传说月中“桂实”曾飘落人间，称“月中桂子”。《锦绣万花谷》引《本草》云：“月桂子，今江东诸处每至四五月后，每于街衢得之。大如狸豆，破之辛香，古老相传，是月中下也。”而《封氏见闻记》还记载垂拱四年（688 年）三月，月桂子飘降在台州临海县界。甚至宋代王象之《舆地纪胜》还记载杭州武林山有一座“月桂峰”。（僧）遵式在《月桂峰诗序》中说：“想月中桂子，尝坠此峰，生成大木，其花白，其实丹。”还有一说宋仁宗天圣年间（1023～1031），天上曾降灵实于此峰，状如珠玑，有人说：“此乃月中桂子也。”当然，对这些月中骞树、桂树以及飘落人间的月中桂子的记载，只能当做神话传说的附会之语，但同时也反映了古代人对月中桂树的确信不疑。所以，古代文人学士每当中秋望月，吟诗作赋，都把月中桂树、桂子作为常用的典故。因为传说月中有桂树，所以，后世又称月亮为“桂月”、“桂宫”、“桂窟”、“桂轮”等。如唐诗人方干《月》诗云：“桂轮秋出半东方，巢鹊惊飞夜未央。”而在中国封建社会里，秋闱大比刚好在八月，所以人们称科举应试得中为“月中折桂”或“蟾宫折桂”。如唐代诗人许浑《下第贻友人》诗中写的，“人心高下月中桂，客思往来波上萍”。李忠《送黄秀才》诗云：“蟾宫须展志，渔艇莫牵心。”温庭筠《春日将归寄新及第苗坤先辈》诗写道：“犹喜故人先折桂，自怜羁客尚飘蓬。”据《花间新闻》记载，宋高宗建炎二年（1128 年），扬州有一士子名李易，出城闲游时见巨轮红晕冲地而出，上前观看时见数张织机，有美貌女子四五人以素丝织绢。织出的绢却是重花交叶，空处有数行字，第一行首名李易，往下皆是人名。他问这些女子织此何用，那些女子回答说：“登科记也，到中秋时知之。”刚好这一年秋天宋高宗南巡扬州，贡士云集。八月大比之后，中秋放榜时，第一名就是李易，其下甲乙丙丁，无一差错。李易才恍然大悟，初春所见者是蟾宫也。我国文学史上的名著《红楼梦》第九回，描写林黛玉听说贾宝玉要上学了就笑道：“好，这一去，可定是要‘蟾宫折桂’去了。”以蟾宫折桂比喻科场得意，也反映了古代人对月亮的美好向往。

但是，关于月宫最美丽动人的传说莫过于嫦娥奔月的神话故事了。在战国时代的《山海经·大荒西经》中就记载：“有女子方浴月。”而此女乃是帝俊之妻，名“常羲”。这个“常羲”大约是嫦娥最早的原型。常羲古代又称为“常仪”或“尚仪”。《吕氏春秋·勿躬》有“尚仪作占月”之语，证明嫦娥传说早与月亮联系在一起了。到了汉代，《淮南子·览冥训》中就大致记载了嫦娥奔月的故事梗概：帝羿向西王母求得不死药，而帝羿之妻姮娥窃食后成仙奔月，变成了蟾蜍。姮本作“恒”，因为避淮南王刘恒的讳，故写作姮娥。恒即常之意，所以后代又写作常娥或嫦娥。这个故事广泛流传于民间，增枝添叶，愈来愈完整。鲁迅先生曾根据这个古老的神话传说，写了一篇著名的神话小说《奔月》，收入《故事新编》一书中。传说嫦娥飞入月宫后，不料月宫清冷寂寞，使嫦娥心情惆怅，十分失望。因此，古代诗人以月宫嫦娥为题材，写了许多脍炙人口的千古杰作。如唐代李商隐《嫦娥》诗写道：

云母屏风烛影深，长河渐落晓星沉。
嫦娥应悔偷灵药，碧海青天夜夜心。

明代诗人边贡《嫦娥》诗也写道：

月宫秋冷桂团团，岁岁花开只是攀。
共在人间说天上，不知天上忆人间。

嫦娥奔月后，不仅被诗人写得寂寞惆怅，还有说美丽的嫦娥入月后，变成了丑陋的蟾蜍，并受罚在月宫杵药。《初学记》卷一引古本《淮南子》记载，嫦娥“托身月宫，化为蟾蜍，而为月精”。因此，李商隐《寄远》诗中写道：“嫦娥捣药无穷已，玉女投壶未肯休。”唐代陈陶《海昌望月》诗也写道：“孀居应寂寞，捣药青冥愁。”唐代诗人袁郊《月》诗亦云：“嫦娥窃药出人间，藏在蟾宫不敢还。”常任侠在《沙坪坝出土之石棺画像研究》（见1941年《说文月刊》卷2第10、11期）一文中提到“较小一棺，前额刻一人首蛇身像，一手捧月轮。后刻两人一蟾，蟾两足而立，手方持杵而下捣”。这里所刻的蟾蜍正是嫦娥化月精，为蟾蜍捣药的神话传说。古代陪葬用器上刻此画，正说明月宫嫦娥神话故事的流传广泛。

这些美丽动人的神话传说，包含着人类对地球最近的天体——月球的种种美丽遐想。同时也反映了妇女追求自由解放和独立的强烈愿望，因而得到了文人骚客的无限同情。当人们拜月之时，联想这种种传说，尤为兴味盎然。神话注入拜月风俗后，于是在唐代形成了别具一格的中秋节。

2 赏月、拜月

月宫的神话传说本身就具有十分浪漫诱人的色彩，因此，唐代中秋节拜月、赏月也就充满了传奇般的动人故事。当然，这些故事仍然与风流天子唐玄宗、杨贵妃联系在一起。《开元天宝遗事》记载：唐玄宗每年八月十五中秋节都要赏月，天上秋光融融，太液池里波光粼粼，桂花飘香，金蝉鸣唱，真是良宵佳节，两情缱绻。然而抬头望月之际，突生一阵不快，唐玄宗眼看明月西坠，但意兴未尽。于是下令左右在太液池西岸另筑一百尺高台，准备作为来年与贵妃赏月之用。此台称为“赏月台”，然而此台修成不久，适逢“安史之乱”，“赏月台”毁于战乱，仅余一台基遗址。唐玄宗中秋赏月最富有传奇色彩的就是夜游月宫的传说了。据《龙城录》记载：开元六年（718年），唐玄宗与申天师及道士鸿都中秋望月，天师作起法术，三人一起步上云霄，漫游月宫。在玉光玲珑的月亮中，突见一座宫殿飞浮，琼楼玉宇，寒气逼人，湿露沾衣。在一大宫殿前榜书“广寒清虚之府”。宫前有守门兵卫很严，刀枪剑戟，白刃灿然若霜雪耀目。天师与唐玄宗及鸿都道士三人皆不能进入，唐玄宗十分遗憾。天师又引唐玄宗跃身到云端烟雾中，透过白云俯瞰长安皇城，见城阙巍峨，殿阁林立。正观望之时，又闻到一股沁人心脾的浓郁清香，长空下视如万顷琼田，一片透明。仙人、道士，有的乘云，有的驾鹤，冉冉飘来，在空中往来游戏。过了一会儿，向前一走，又觉翠色冷光相映交射，令人目眩，而且感到雾气逼人，不能再进。这时又见到十余位仙子般美丽的宫娥，皆衣着皓白，跨乘白鸾，长袖冉冉，往来舞笑于广陵大桂树之下；又听到仙乐阵阵，清丽奇绝，宛转动人！唐玄宗素来熟通音律，听得音律，默记心中。这正是“此曲只应天上有，人间哪得几回闻”。正在唐玄宗如痴如醉之时，申天师却请归宫。三人如同旋风一般降落人间。唐玄宗才恍然大悟，回忆刚才月中游历恍若梦中。到了第二天晚上，唐玄宗又请申天师带他月中一游，但天师却笑而不允。唐玄宗回忆月宫仙娥的音乐歌舞，自己又谱曲编舞，这便是历史上有名的《霓裳羽衣舞曲》。尽管这些神话是编造出来的，但是，也反映出唐玄宗时宫廷确实十分崇尚中秋赏月的风俗活动。所以这些编造的神话无不与中秋节有关。再者唐玄宗御制《霓裳羽衣舞曲》也确有其事，它是唐代著名的宫廷歌舞曲之一。然而，唐玄宗从广寒宫偷学来的这支乐舞，并没有给他带来多少幸福，却像《后庭花》一样，给这位沉迷于声色的皇帝带来的是国破家亡的安史之乱。因此历代诗人无不对此予以尖刻辛辣的讽刺。如杜牧《过华清宫》写道："霓裳一曲千峰上，舞破中原始下来。"白居易《长恨歌》中也写道："渔阳鼙鼓动地来，惊破霓裳羽衣曲！"而唐代诗人李约《过华清宫》诗更就此曲直接指出：

君王游乐万机轻，一曲霓裳四海兵。
王辇升天人已尽，故宫犹有树长生。

此诗把安史之乱的祸因直接归罪于霓裳羽衣曲，未免夸大其词了。但是，唐玄宗晚年好游乐，溺于声色，疏于朝政，导致安史之乱确实是实，对此历史已有公论，故不多述。

正如唐代诗人曹松《中秋对月》诗云："直到天头天尽处，不曾私照一人家。"中秋月圆照九州，宫中唐玄宗俄而修赏月台，俄而神游月宫，而民间则无此财力修赏月台，也无道士相助漫步月宫，但是民间拜月赏月的风俗活动却要丰富得多。有的诗人文友，三五相聚，登楼赏月赋诗抒怀；有的寻找江河湖水，静坐一叶扁舟，以观皎洁月辉，俯视粼粼水波，银光月影，兴味盎然；有的则入寺观道院清静之地，或直上高峰赏月，万里寥廓，江天如水，月光似淡淡的水墨画屏，更别有一番情趣。

当中秋节夜月圆如璧，清光似水，冷辉如霜，泛舟水面如行镜中，此时载酒赏月，又别是一番情趣。唐代诗人裴夷直就曾同白居易中秋夜荡舟洛河，载酒玩月，兴酣之际，当即赋诗道：

清洛半秋悬璧月，彩船当夕泛银河。
苍龙颔底珠皆没，白帝心边镜乍磨。
海上几时霜雪积，人间此夜管弦多。
须知天地为炉意，尽取黄金铸成波。

这首诗尾联取汉代贾谊《鹏鸟赋》为典："天地为炉兮，造化为工；阴阳为炭兮，万物为铜。"在月光下，江水荡起金黄色波涛，这不正是天地为炉，以金铸波之意吗？中秋对月，啸傲山水之间固然有趣，然而嗜酒如命的大诗人李白却喜欢对月独酌。"花间一壶酒，独酌无相亲。举杯邀明月，对影成三人。"（《月下独酌》）当酒酣兴发之际还要纯真地把酒问月："青天来月有几时，我今停杯一问之。人攀明月不可得，月行却与人相随。""今人不见古时月，今月曾经照古人。古人今人若流水，共看明月皆如此。惟愿当歌对酒时，月光长照金樽里。"传说李白是醉后扑江捞月而死，这固不足信，但也可说明他对赏月不仅有雅兴，而且不要命了。李白感慨“人攀明月不可得”，而诗人刘禹锡却展开想象的金翅，像唐玄宗一样飞到月宫神游一番。他在《八月十五夜桃源玩月》诗中写道：

尘中见月心亦闲，况是清秋仙府间。
凝光悠悠寒露坠，此时立在最高山。
碧虚无云风不起，山上长松山下水。
群动悠然一顾中，天高地平千万里。
少君引我升玉坛，礼空遥请真仙官。
云軿欲下星斗动，天乐一声肌骨寒。
金霞昕昕渐东上，轮欹影促犹频望。
绝景良时难再并，他年此日应惆怅。

当然，汉武帝时的李少君不可能到唐代来帮助刘禹锡登上月宫，这只能是诗人的想象。可是唐代张读所撰的《宣室志》却记载有人不仅能攀上月宫，而且还可以把月亮摘下来。太和年间有一位周生，学成道术，中秋之夜与客人饮酒赏月，当时月色晶莹，他对客人说，我能摘月置于怀袂。说罢取了两条绳子拴几百根筷子做梯，登梯取月。一霎间天昏地暗，空中一片漆黑。他回室后说月在衣襟中，于是从怀中取出一块直径寸余的小月亮，“一室尽明，寒入肌骨”。我们知道《宣室志》的作者张读系牛僧孺之外孙，他受牛僧孺《玄怪录》影响，也喜欢在书中记载神奇古怪之事。宣室本是汉未央宫之偏殿，汉文帝曾召大文学家贾谊在此室问神鬼之事，《宣室志》取书名于此，所记也多神怪奇谈，故只能当做当时民间传说。更离奇者还有《诚斋杂记》仙女下嫁之记载。钟陵西山，每至中秋节，车马喧闹，声闻十里，贵族豪俊之士，多召名姝善歌舞者，夜间在月光下歌舞赏月。歌女们握臂相连，踏歌而舞。有一位书生名文箫，观睹时发现一位歌女美貌无双，所唱歌曲也十分独特："若能相伴步仙坛，应得文箫驾彩鸾。自有绣襦并甲帐，琼台不怕霜雪寒。"文箫突然悟到此人可能是月宫仙女下凡，二人眉目传情，流眄顾盼。歌罢此女穿过松林登山望险峰而去。文箫紧随其后登上山顶。突然风雨骤起，有一位仙童持天书至，判吴彩鸾以私欲泄天机，谪为民妻。于是仙女吴彩鸾便与文箫结为夫妻，居住于钟陵山侧。当然这个记载也同月中嫦娥一样，是民间传说的神话故事，真实性不必考究。但它反映出当时人们对中秋节赏月的重视以及追求自由幸福的渴望。

宋代以后，中秋节的节日风俗活动就大大丰富起来，赏月、吃月饼、赏桂、观潮蔚然成风。《东京梦华录》记载：宋都东京开封在中秋节前，所有酒店皆卖新酒，所有酒楼都要重新结彩，装饰门面。到了八月十五日午未时（中午），凡是酒家都卖空了酒。这时菊黄蟹肥，螯蟹上市。石榴、梨、枣、栗、橘、榅桲皆已成熟上市。到了中秋夜赏月之时，富贵之家，结饰台榭，民间小户，争占酒楼玩月。东京城内“丝篁鼎沸，近内庭居民，夜深遥闻笙竽之声，宛若云外。闾里儿童，连宵戏嬉，市井并阗，至于通晓”。可见规模之盛大。可是中秋之时，正是多雨季节，往往浮云蔽月，或阴雨绵绵。尽管如此，仍难扫去人们赏月的雅兴。文人墨客即使遇上雨天，也要置酒以待。如邵雍《中秋月》诗所道："一年一度中秋夜，十度中秋九度阴。求满直须当夜半，不睡观时意更深。"一次大文学家欧阳修与诗人王君玉中秋节备好酒席，叫来歌女，待月出而赏时，却逢上一场大雨。但是二人仍赋诗自娱，雨夜不眠，欢度中秋。欧阳修并赋诗《酬王君玉中秋席上待月值雨》写道：

池上虽然无皓魄，樽前殊未减清欢。
绿醅自有寒中力，红粉尤宜烛下看。
罗绮尘随歌扇动，管弦声杂雨荷干。
客舟闲卧王夫子，诗阵教谁主将坛。

有红粉歌女、绿醅佳酿、管弦之乐相伴，无月亦可尽欢。王君玉与欧阳修中秋待月遇雨，后来与晏殊在南郡赏月时又遇上了雨天。《谈苑》记载：晏殊留守南郡时，一定要求王君玉同去为府签判。平时二人赋诗饮酒为乐。到中秋节时，阴云蔽天，晏殊感到扫兴，早早而寝。到了夜间，王君玉请晏殊起来赏月，晏殊认为无月可赏，不肯起床。于是王写了两句诗："只在浮云最深处，试凭管弦一吹开！"晏殊一读大喜，立即穿衣起床，备酒宴，奏乐待月。果然到了夜半时，雨住天晴，皎月高悬，欢宴赏月达旦，真有点"幕府有佳客，风月知人意"。但是，宋代女诗人朱淑真就不同了，她因难抗父母之命，嫁给一位粗俗的市民为妻，伉俪不谐，终生抑郁。那时理学盛行，礼教桎梏甚严，人们的婚姻不自由。每临风对月，触目伤怀，忧愁怨恨之情皆寓于诗中，以抒胸膺不平之气。中秋夜她独自赏月却遇阴晦，于是写了首《中秋不见月》，诗云：

不许蟾蜍此夜明，今知天意是无情。
何当拨去闲云雾，放出光辉万里清。

朱淑真《中秋不见月》诗中借月抒怀，散抑郁之气，读者自会体味。然而宋代写中秋月最脍炙人口者莫过于苏东坡的《水调歌头》一词了：

明月几时有，把酒问青天，不知天上宫阙，今夕是何年。我欲乘风归去，又恐琼楼玉宇，高处不胜寒。起舞弄清影，何似在人间。

转朱阁，低绮户，照无眠。不应有恨，何事偏向别时圆。人有悲欢离合，月有阴晴圆缺，此事古难全。但愿人长久，千里共婵娟。

这首词写于宋神宗熙宁九年（1076 年），由于苏东坡反对王安石新法，一直处在新旧党争的漩涡里不能自拔，被贬官出朝。相传这首词当时广泛传唱，宋神宗问外边有何流行新词时，内侍将此词抄送神宗。当宋神宗读到“高处不胜寒”时，为之感动，说：“苏轼终是爱君也!”看到下阕更觉情词恳切，于是下诏将苏轼升迁一级。

到南宋中秋节赏月之风更盛。据吴自牧《梦粱录》记载，当金风送爽，玉露生凉，丹桂香飘，银蟾光满之时，王孙公子，富家巨室，莫不登上危楼临轩玩月。“或开广榭，玳筵罗列，琴瑟铿锵，酌酒高歌”。至于那中等小康之家，“亦登小小月台，安排家宴，团圆子女，以酬佳节。虽陋巷贫窭之人，亦解衣市酒，勉强迎欢，不肯虚度”。中秋节夜“大街买卖，直至五鼓，玩月游人，婆娑于市，至晓不绝”。《新编醉翁谈录》对当时焚香拜月之风俗也记载颇详：“京师赏月之会，异于他乡。倾城人家，不以贫富，能自行者至十二三(岁)，皆以成人之服饰之，登楼或于庭中焚香拜月，各有所期。男则愿早步蟾宫，高攀仙桂……女则愿貌似嫦娥，圆如洁月。”

尤为值得重视的是在南宋赏月之时又注入赏灯的风俗。中秋夜，高悬的明月与地上的灯火交相辉映。据《武林旧事》记载，此夕浙江放“一点红”羊皮小冰灯数十万盏。与元宵节所不同者，这些灯都放置水面，烂若繁星，引人驻足观赏。各地街市也多悬灯，以助月色，庆贺中秋。广州等地张灯最盛，各家于中秋节前夕，就用竹条扎灯笼，上糊各种颜色。及至中秋夜，将灯悬于高竿之上或树于瓦檐露台上，俗称“树中秋”或“竖中秋”。高贵之家灯高数丈，家人聚于灯下欢饮为乐，一般百姓之家则树以竹竿，挂两个灯笼自取其乐。

南宋中秋宫中赏月还专门建有“赏月桥”。周密《癸辛杂识》记载：德寿宫中秋赏月之桥，是由吴璘所进的阶石砌就，莹彻如玉，并用金钉铰接桥。此又名“万岁桥”，桥下千叶白莲花。皇帝所用的御几、御榻以及瓶炉酒具皆用水晶制成。水南面有宫女小童演奏清乐，水北岸是教坊乐工。仅吹笛者就达二百人，可见其奢侈之极。据《西湖游览志余》记载：淳熙九年（1182年）八月十五日，宋孝宗过德寿宫，当时宋高宗赵构禅位后在此宫当太上皇，于是留宋孝宗在此宫“万岁桥”赏月。当华月初上之时，箫韶齐奏，清歌冲云，两位皇帝欢宴兴浓。太上皇赵构召来小刘妃，独吹白玉笙，演奏《霓裳羽衣曲》中序，听得两位皇帝如痴如醉。在旁边侍宴的曾觌马上填写一阕新词《壶中天》奉上，其词云：

素飙漾碧，看天衢稳送一轮明月。翠水瀛壶人不到，比似世间秋别。玉手瑶笙，一时同色，小按霓裳叠。天津桥上，有人偷记新阕。

当日谁幻银桥，阿瞒儿戏，一笑成痴绝。肯信群仙高宴处，移下水晶宫阙。云海尘清，山河影满，桂冷吹香雪。何劳玉斧，金瓯千古无缺。

太上皇赵构览后大喜说：“从来赏月之词，不曾咏题金瓯之事，此词‘金瓯无缺’可谓新奇。”马上诏令赏赐给金束带及紫香罗水晶碗。太上皇有赏，皇帝宋孝宗也不能不赐，亦赐宝盏玉杯。平心而论，曾觌这首词从艺术上讲，确实写得不错，然而从政治上讲，则多阿谀奉承之词，南宋王朝偏安东南一隅，不思励精图治恢复山河，却荒淫享乐，高唱霓裳羽衣之曲，岂能说是“金瓯无缺”的太平盛世？

3 赏桂、观潮、吃月饼

八月中秋，正是丹桂飘香、鲜花盛开的季节。因此，唐宋之时，中秋节除赏月之外，还有赏桂之俗。对月遥想月中桂，纵目欣赏人间桂，再联想吴刚伐桂，月中桂子落入人间的传说，更能激发起诗人的灵感，增添节日情趣。如宋之问《灵隐寺》诗写道：“桂子中天落，天香云外飘。”宋代虞俦《有怀汉老弟》诗云：“芙蓉泣露坡头见，桂子飘香月下闻。”诗中一语双关，既描写月下赏桂的佳趣，又联系月中桂子飘落人间的传说。杭州灵隐寺植有大片桂树，因此，白居易、苏东坡都曾在这里行吟讴歌，披月赏桂。四川新都有桂湖，湖畔丛桂多达二百余株，绵延数里，中秋前香飘数里之外，游客塞途。南京古云谱中秋赏桂轰动各地。吴地赏桂之风尤盛，虎丘赏桂，倾城而出，有如端午竞渡之时。南方民间喜爱桂、兰，号为“桂子兰孙”，家家庭院广为栽植。中秋之夜，婆娑桂影，皎皎月光之下，合家团圆食饼观月赏桂，叙天伦之乐，乃是古人一大乐趣。

中秋除赏月折桂以外，古人还有望月观潮及泛舟夜游的风尚。早在汉代，大文学家枚乘《七发》中就记有“将以八月之望，与诸侯交游兄弟，并往观涛于广陵（今扬州市）之曲江”。《南齐书·州郡志》载：广陵为州镇（南兖州），“土甚平旷。刺史每以秋月多出海陵观涛，与京口对岸，江之壮阔处也”。而唐宋之时，浙江观潮盛况空前。据《元和郡县志·江南道钱塘县》记载：“浙江东流入海处的钱塘江，每年八月十八日，浪涛涌至数丈，数百里士女，共观舟人渔子，泝涛触浪，谓之‘弄潮’。”由于钱塘江口呈喇叭口形，向内逐渐浅狭，每当潮流袭来时，潮波壁立，波涛汹涌，有如万马奔腾之势，成为自然界一大壮观景象。据科学观测，潮头可高达三点五米，潮水落差最大可达八点九米。因此，在古代去观钱塘潮的人很多，尤以中秋前后最盛。白居易咏潮诗写道：

早潮才落晚潮来，一月周流六十回。
不独光阴朝复暮，杭州老去被潮催。

苏东坡出知杭州府时，也曾多次观潮，他在《中秋夜观潮》诗中写道：

定知玉兔十分圆，已作霜风九月寒。
寄语重门休上锁，夜潮留向月中看。
万人鼓噪慑吾侬，犹似浮江老阿童。
欲识潮头高几许，越山浑在浪花中。

从这些诗中可以看出当时观潮人数之多，潮水气势之磅礴。观海潮之俗在南宋时尤盛。据《梦粱录》记载，每年八月十一起，都城士女便开始观潮。到十六。十八日，倾城而出，车马纷纷，人声鼎沸，从庙子头到六和塔，“家家楼屋，尽为贵戚内侍等雇赁作看位观潮”。《武林旧事》亦云：当人们观涛时，“吴儿善泅者数百，都披发文身，手持十幅大彩旗，争先鼓勇，出没于波浪之中。腾身百变，而旗尾不沾湿，以此夸能”。可见当时中秋观潮之热闹非凡。

如果说中秋观潮仅是杭州的地方风俗，那么吃月饼则是南北相同的了。吃月饼的风俗据记载唐代就已有之。《洛中见闻》中说：唐僖宗在中秋节吃月饼，味极美。他听说新科进士在曲江开宴，便命御膳房用红绫包裹月饼赏赐给他们，这是有关月饼的最早的记载。到了宋代，月饼花样已有“荷叶”、“金花”、“芙蓉”等花色名目。大诗人苏东坡曾称赞月饼道：“小饼如嚼月，中有酥与饴。”酥是酥油，饴即饴糖，可知宋代月饼已是味道甜脆并香美可口，成为颇受人们喜爱的食品。《梦粱录》记载：南宋月饼花样就有“金银炙焦牡丹饼”、“枣箍荷叶饼”、“芙蓉饼”、“菊花饼”、“月饼”、“梅花饼”、“开炉饼”等，成为市上点心铺供应的时令佳品。

从元代到明清，中秋节基本上沿袭了唐宋时期中秋节旧俗，不过发展的内容更丰富，更奢侈而已。蒙古族原无中秋节俗，但是元朝建立后，入主中原，也接受了汉人的风俗，大过中秋节。据《元氏掖庭记》

所载，元武宗己酉年（1309 年）中秋节与嫔妃大宴禁苑龙池。月华照射池水，波光映天，绿荷含香，芳藻吐秀，游鱼浮鸟群集水面。元武宗登莲舟赏月，左边女军都戴赤羽冠，穿斑文甲，竖凤尾旗，执泥金画戟，号曰“凤队”；右边的都戴漆朱帽，穿雪氅裘，竖鹤翼旗，持沥粉雕戈，叫做“鹤团”。又用彩帛结饰采菱采莲舟，轻快如飞，来回荡于水面。当月丽中天彩云四合之时，元武宗命开宴张乐。在宴会上“荐蜻翅之脯，进秋风之鲙，酌元霜之酒，啗华月之糕”。又令宫女们披罗绮、甩长袖轻歌曼舞。元武宗意兴正浓，得意地对嫔妃说：“昔年西王母曾宴穆天子于瑶池，人都认为古今没有此乐也。朕今与卿等际此月圆，共此佳会，液池之乐，不减瑶池也。”嫔妃中有一姓骆的妃子趋出为帝跳月照临舞，轻启朱唇唱道：

> 五华兮如织，照临兮一色。丽正兮中域，同乐兮万国。

此歌以月喻元武帝，元武帝大乐，赐给八宝盘、玳瑁盏。元武帝还从都城选了一名官妓叫凝香儿入宫，凝香儿善于鼓瑟，通晓音律，善“翻冠飞履”之舞。舞蹈时冠履皆翻飞空中，舞毕时冠履仍穿戴如故。元武帝赐她穿上“琐里绿蒙之衫”，衣是从于阗贡来的“玉河花蕊之裳”。中秋节夜泛舟龙池赏月时，凝香儿以小舟荡漾水波中，然后婆娑起舞，并歌弄月之词道：

蒙衫兮蕊裳，瑶环兮琼珰，泛予舟兮芳清，击予楫兮徜徉。明皎皎兮水如镜，弄蟾光兮捉姮影。露团团兮气清，风飕飕兮力劲。月一轮兮高且圆，华彩发兮鲜复妍。愿万古兮每如此，予同乐兮终年。

清歌丽舞使元武帝兴意酣畅，但觉未尽。于是命又置酒天香亭赏月，凝香儿又换服歌舞，穿绛缯方袖衣，佩带云肩迎风流苏，边舞边歌道："天风吹兮桂子香，来闾阖兮下广寒。尘不扬兮玉宇净，万籁泯兮金阶凉。玄浆兮进酒，兔霜兮为侑。舞乱兮歌狂，君饮兮一斗。鸡鸣沉兮夜未央，乐有余兮过霓裳。吾君吾王兮寿万岁，得与秋香月色兮酬酹乎樽觞。"歌舞毕，元武宗高兴至极，说："当年唐明皇（玄宗）游月宫，见嫦娥数十人歌舞于桂树下，朕今酌绿醑，对才人，歌香桂长秋曲，邀香风入屏围，呼华月以入座，人间之乐，当不减天上！"看来蒙古人原来虽然没有过中秋节的习俗，但是一接受汉族文化的熏陶，比汉族皇帝还会讲究奢侈排场。

我们知道，在元代蒙古统治集团的统治下，我国民族矛盾空前激化。统治者在禁宫中醉生梦死、认为人间乐不减天上之时，正是被压迫的民族和穷苦劳动人民起义之日。民间传说元朝末年，蒙古统治集团为了挽救其摇摇欲坠的腐朽统治，不准民间私藏铁器，规定十家合用一把菜刀。统治者无恶不作，老百姓怨声载道。高邮人张士诚为了号召人民奋起反抗，中秋节前，在每个月饼中夹一字条，约定起义时间。中秋夜，家家户户掰开月饼，瞧见传单，纷纷夺取菜刀，揭竿而起，掀起了反抗元朝的起义高潮。这小小的月饼，也记录了古代人民反抗民族压迫斗争的光辉历程。从此以后，明清时期吃月饼之风大兴，以纪念这一群众反元起义的节日。明代赏月、祭月、吃月饼也是中秋佳节的时令风尚。《帝京景物略》记载：八月十五日祭月时，果饼必须是圆月饼，所供瓜果也必须切成牙瓣如莲花状。纸市上卖有月光纸，上绘坐莲花，为月光偏照菩萨。下绘有月轮桂殿，兔杵而人立，捣药臼中，纸小者三寸，大者丈余。画得十分精致，金碧辉煌。每家都设有月光位，于月出方向供月。拜祭完毕，焚掉月光纸，撤下供月食品散给家中每人一份。月饼、瓜果还是亲戚互相馈赠的节日佳品。有的月饼直径达二尺。回娘家的妇人，在中秋节必须回到夫家，因明代人把中秋节称为“团圆节”，吃月饼也有团圆之意。明代在宫中除吃月饼外，还食蟹。据《酌中志》云，当时把螃蟹“蒸熟五六成，群攒坐共食，嬉嬉笑笑，自揭脐盖。细将指甲挑剔，蘸醋蒜以佐酒。或剔蟹胸骨八路完整如蝴蝶式者，以示巧焉”。明代宫中赏月也与前代颇相类似。据郎瑛《七修类稿》记载，明成祖永乐年间，有一次中秋开宴赏月，结果遇阴天浓云蔽月，明成祖因此郁郁不悦。在旁侍宴的大才子翰林学士解缙口占《落梅风》词一首：

嫦娥面，今夜圆。下云帘，不著臣见。拼今宵倚栏不去眠，看谁过广寒宫殿。

接着他赋《中秋不见月》长短句诗一首：

吾闻广寒八万三千修月斧，暗处生明缺处补。不知七室何以修合成，孤光洞彻乾坤万万古。三秋正中夜当午，佳期不拟姮娥误。酒杯狼籍烛无辉，天上人间隔风雨。玉女莫乘鸾，仙人休伐树。天柱不可登，虹桥在何处？帝阍悠悠叫无路，吾欲斩蜍蛙磔冥兔。坐令天宇绝纤尘，世上青霄粲如故。黄金为节玉为辂，缥缈鸾车烂无数。水晶帘外河汉横，冰壶影里笙歌度。云旗尽下飞玄武，青鸟衔书报王母。但期岁岁奉宸游，来看霓裳羽衣舞。

明成祖览后大喜，停杯待夜半之时，复见月光洒下满天清辉。明成祖开怀大笑曰："解缙真才子，夺天手也。"命宫人满斟玉盏琼液，尽欢而罢。解缙这首《中秋不见月》诗，确实写得跌宕豪放，大有李太白之风，而且句句不落前人的俗套，可谓千古杰作。

到了清代又称中秋节为"八月节"或叫"八月半"。《燕京岁时记》记载北京节日风情道："每届中秋，府第朱门皆以月饼果品相馈赠。至十五月圆时，陈瓜果于庭以供月，并祀以毛豆、鸡冠花。是时皓魄当空，彩云初散，传杯洗盏，儿女喧哗，真所为佳节也。"北京关于供月饼、拜月赏月风俗在《道咸以来风土杂记》、《清稗类钞》及《清朝野史大观》中都有相类似的记载。京师有谚云："男不拜月，女不祭灶。"

中秋节供月时，男子多不叩拜。关于中秋拜月、吃月饼的风俗，全国各地皆大致相同，不再一一引述。但清代中秋节有些地方风俗颇有特色。如《帝京岁时纪胜》记载，京师以黄沙土作白玉兔，饰以五彩，千奇百状，齐集于天街月下摆摊出售，这大约是取意于月中玉兔。前面谈到明代时市上售月光纸，到清代时又叫“月光马儿”。《燕京岁时记》云：“京师谓神像为神马儿，不敢斥言神也！”所以记载月光马儿是纸上绘太阴星君如菩萨像，下绘月宫及捣药玉兔等。市间所售者多长七八尺，短者二三尺，顶有两旗，作红绿色或黄色，向月而供之。

杭州中秋祭月赏月风俗略同于北京，但是把祭月称作“斋月宫”。《清嘉录》记载中秋“每户瓶兰、香烛、望空顶礼，小儿女膜拜月下，嬉戏灯前，谓之‘斋月宫’”。他们不供“月光马儿”，却供小财神，大不盈尺，并设有台阁、几案、盘匜、衣冠、乐器等什物，都缩小为寸余。俗称“小摆设”。然后士女纵观，门栏如市，相互欣赏这些财神小摆设，看谁制作的精巧。所以蔡云《吴歈》诗云：“耗财供奉小财神，摆设争看缩本新。底事清宵作儿戏，门栏好驻冶容人。”吴地中秋风俗最富有特色的是“走月亮”，妇女都盛妆出游，互相往还，直到公鸡鸣唱，还犹婆娑月下。而虎丘的中秋夜，倾城士女出游，笙酣彻夜。西湖上画舫妖姬，歌舞宴饮，在中秋前后半月，殆无虚夕。蔡云《吴歈》题此云：“七里山塘七里船，船船笙笛夜喧天。十千那够一船费，月未上弦直到圆。”就是写此豪华景象。今日苏州民俗博物馆中，就有“走月亮”习俗的一组大型群雕，形象地刻画了吴地走月亮的动人场面。

而广州中秋却又是一番风情。屈大均《广东新语》记载：广东中秋“为大饼向月”。广州的中秋节月饼最富有特色。1927 年出版的《民俗》周刊 32 期载，当时有人调查广州六大茶楼，展出月饼式样达 80 余种。著名的就有：凤凰西山月、银河映秋月、东坡腾皓月、珠海团圆月、西湖燕窝月、椰容蛋黄月、宝鸭穿莲月、金花香腿月、五仁罗汉月、冬菇腊肠月等。极为名贵的月饼有唐皇燕月、七星伴月、西施酥月等。更值得称道的是广东中秋节儿童持灯踏歌于道，灯的造型有花塔灯、光塔灯，有以红柚皮雕成的柚灯，有以素馨茉莉花结成的花灯。柚灯朱光四射，花灯檀香扑鼻。明月映花灯，为广东地区中秋节增添了不少节日风彩。

在闽南及台湾，中秋节还有一种“听香”之俗。“听香”又叫“拈香”，但它不是礼佛，而是妇女的节俗。由听香人燃香礼拜后，或静立或出游，留心窃听别人语言，来占卜自己的未来吉凶。此俗原流行于闽南地区，后传至台湾，相沿成俗，至今不衰。据晏子匡《岁时丛话》说，台湾中秋节还有一种“斗四红”的风俗。斗四红就是一种赛饼之戏。年轻人相邀出钱，买一组饼单，可以换取大小状元饼 63 个。然后用掷骰子（四颗或六颗）来争取饼单，以掷取“四红”之数分取饼单，如得四个“四红”叫“状元”，可夺取最大的饼。凡得状元饼者，明年中秋还得送来状元饼，再参加竞赛。这种风俗显然与科举制度的发展有关。中了状元饼，意味着有中状元的好兆头，所以很多人皆好此游戏。虽然说随着清王朝的灭亡，科举制度也早已废除，但作为一种民间节日风俗，在台湾仍然存在着。

直到现在，中秋节仍是中国人民非常重视的民间节日。当然，那些具有迷信色彩的旧风俗已被逐步淘汰了。但是，中秋赏月、吃月饼不论城乡居民都是少不了的。在中秋节夜，合家团聚，一杯琼液，几盘月饼，坐在月光下赏月、赏菊、赏桂，别有情趣。话及月球天体知识、宇航新闻，联系古代神话故事，自然是谈笑风生，充满了节日的喜庆味道。

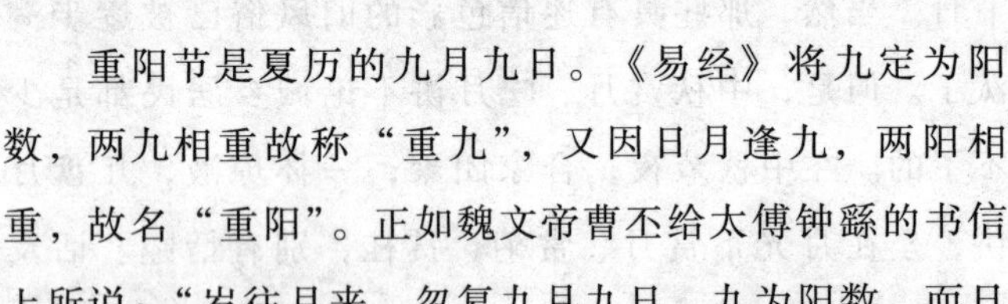

八　重阳节

重阳节是夏历的九月九日。《易经》将九定为阳数，两九相重故称“重九”，又因日月逢九，两阳相重，故名“重阳”。正如魏文帝曹丕给太傅钟繇的书信上所说：“岁往月来，忽复九月九日。九为阳数，而日月并应，俗嘉其名。”（《与钟繇九日送菊书》）

1　萌芽与定型

重阳节是一个历史悠久的节日，究竟起源于何时，尚无定论。远在战国时期已有重阳之名，屈原《远游》诗中有：“集重阳入帝宫兮，造旬始而观清都。”句中的“重阳”就是佐证。但洪兴祖解释为“积阳为天，天有九重，故曰重阳”。联系上下句分析这里的“重阳”是“九重天”的意思，并非节日之名。可是，就登高望远，饮菊花酒之风俗活动，在战国时已开其端。屈原《离骚》中就有“朝饮木兰之坠露兮，夕餐秋菊之落英”，可见战国时已有餐菊之俗。《事物纪原》又记载“齐景公始为登高”。但何时登高，何时饮菊花酒，它们与重阳节是否有联系，历史上并无明确记载，不可详考。根据今日所见古籍的记载，至迟在西汉时重阳节已成了固定的节日，且增添了佩茱萸、饮菊花酒、登高等风俗内容。

据《西京杂记》载，汉高祖的宠妃戚夫人有一侍儿名贾佩兰，在宫中时，每遇“九月九日”，便“佩茱萸，食蓬饵，饮菊华（花）酒”。茱萸，又名“越椒”，或者称“艾子”，是一种药用植物，其味香烈，有驱虫、除湿、逐风邪、治寒热、利五脏、延年益寿等作用。所以，古人将茱萸作为驱邪的神物，每逢重阳节，人人佩戴，后世称之为“茱萸会”，或称重阳节为“茱萸节”。至于菊花酒，那是用菊花酿制而成的。菊花凌霜不枯，傲寒而开，气味芬芳，是延年益寿的佳品。因此汉人每当菊花花蕾含苞待放时，采花蕾叶茎，杂以黍米酿制，待到次年九月九日开坛取饮。汉魏时无论宗室贵族，还是达官商贾无不喜饮。因此唐代诗人沈佺期《九日临渭亭侍宴应制得长字》诗道：“魏文颂菊蕊，汉武赐萸囊。……年年重九庆，日月奉天长。”显然，佩茱萸、饮菊花酒在汉代已成为重要的节日习俗了。

重阳节登高习俗也始于西汉，“三月上巳，九月重阳，士女游戏，就此祓禊登高”（《西京杂记》）。而后给登高又涂上了一层浪漫的神话色彩。《续齐谐记》云：东汉时汝南（今河南上蔡西南）人桓景，随方士费长房学道术，游学多年。一天，费长房告诫桓景说：九月九日这一天，你家会有大灾，你可速回家，让全家人皆佩带一只装有茱萸的绛色袋子，系于臂上，登高饮菊花酒，便可消灾免祸。桓景听罢，匆忙回家，遵照师傅所嘱，令全家登高。到傍晚回家一看，院中的鸡、狗、猪、牛、羊均已暴死。费长房闻讯说：这是家畜代你全家受了祸。这则故事如果剔除其迷信成分，可以看出它反映了古人殷切盼望消灾避祸、健康长寿的美好愿望。

汉代重阳登高、佩茱萸、饮菊花酒的风俗到魏晋隋唐之际，变化不大。从魏晋时起，不仅佩茱萸，还有插茱萸之说。周处《风土记》就记载有“此日折茱萸以插头，言辟除恶气令御初寒”。值得深思的是，一年之中，有三十六个九日，何以古人偏重视九月九日呢？溯本求源，也与阴阳五行迷信学说有关。重九是一个“阳”字登勤之日，地气上升，天气下降，天地之气交接。古人为了避免接触不正之气，所以才登高以避邪气。

2 登高、饮酒、赋诗、射箭

重阳节的起源虽然被涂上了一层浪漫色彩，然而随着岁月的流逝，迷信色彩在人们的观念中日益淡漠，诗情画意的生活习俗日益丰富多彩。众所周知，九月九日，正值仲秋季节，秋高气爽，云淡山青，金桂飘香。当此之时，邀请亲朋好友，身佩茱萸，携带佳酿，结伴出游，登高环顾，极目远眺，那漫野山花，金黄的果实，各种绮丽风光尽收眼底。如果在晨光熹微的拂晓或者在夕阳如火的黄昏，置身高处，静观日出或晚霞，面对锦绣山河，顿觉心旷神怡，豪情满怀。因而每逢此日，便激发出文人雅士的灵思，留下了许多脍炙人口、令人心神激荡的诗篇。那些旷达不羁、傲视世俗的魏晋文人对重阳节尤为青睐。因此，田园诗人陶渊明《九月闲居》诗序中说："余闲居爱重九之名，秋菊盈园，持醪靡由，空服九华。"在古人的笔记中，关于重阳节的佳话不胜枚举。

据《晋书·孟嘉传》记载，晋朝永和年间，明帝的女婿桓温为征西大将军，陶渊明的外祖父孟嘉任参军。孟嘉字万年，少年即负有才名，颇受桓温的赏识和器重。有一年重阳，桓温大宴僚佐于龙山（今安徽当涂东南），吟诗作句，啸咏骋怀。当时僚佐毕集，佐吏皆着战时戎装。正当他们酒后耳热，诗兴大发之际，突然一阵风起，把孟嘉的官帽吹落。而孟嘉好久竟未觉察，还津津有味地和别人为文酬答，饮酒赋诗。众所周知，中国是一个十分讲究冠冕风度的礼仪之邦，子路有"君子死，冠不可免"的名言，所以官帽落地不觉，是有伤大雅的，况且又在僚佐皆着戎装的宴会上。桓温看到这一情形，暗令与会的文学家孙盛趁孟嘉入厕所之机，取帽以还孟嘉座上，并作文嘲笑。孟嘉回来一看，立即逞兴作文以答。由于他知识渊博，文辞俊雅，四座皆惊，僚佐无不叹服。后人便把"孟嘉落帽"变成一则著名的典故，比喻文人不拘小节，风度潇洒，纵情诗文娱乐的神态。

孟嘉落帽，在宴会上风度潇洒，不拘小节，令人喝彩。而其外孙陶渊明一生酷爱饮酒，性情恬淡，不肯为五斗米折腰，弃彭泽县令不做，而去做“隐逸诗人”。每到重阳节就陶醉于“采菊东篱下，悠然见南山”的风雅之中。据南朝宋檀道鸾《续晋阳秋》记载，有一年重阳佳节，陶渊明在宅边东篱下正赏菊花，抚琴吟唱，突然间酒瘾大发，但遗憾的是家里没有备酒过节，只好漫步菊花丛中，并摘了大束的菊花，坐在屋旁的篱畔惆怅。猛然抬头一眺，但见一身着白衣的使者，载酒而来。一问方知是江州刺史王弘派来的送酒差使。原来朝廷屡次征召陶渊明为著作郎，他都不就职。王弘欲结识这一名士，曾多次给陶渊明送酒。这次陶渊明见酒大喜，立即打开酒坛，于花丛中畅饮，酒酣，诗兴大发，吟出了《九日闲居》这一首名诗。诗云：

世短意恒多，斯人乐久生。
日月依辰至，举俗爱其名。
露凄暄风息，气澈天象明。
往燕无遗影，来雁有余声。
酒能祛百虑，菊解制颓龄。
如何蓬庐士，空视时运倾。
尘爵耻虚罍，寒华徒自荣。
敛襟独闲谣，缅焉起深情。
栖迟固多娱，淹留岂无成。

此诗淋漓尽致地表达了诗人以酒浇虑，以菊自娱，啸傲世俗、蔑视运势、淡泊名利的胸怀和闲吟独酌、纯然无私的情趣。陶公咏菊、白衣送酒的故事，也成为后世文人喜好的典故。每遇重阳节，有所吟咏，不免把陶公、白衣吟在一起。你看，李郢《重阳日》诗云："愁里又闻清笛怨，望中难见白衣来。"王勃《九日》诗道："九日重阳节，开门有菊花。不知来送酒，若个是陶家!"李白《九日登山》诗云："渊明归去来，不与世相逐。为无杯中物，遂遇本州牧。因招白衣人，笑酌黄花菊。"皆直用此典。

九月九日要登高祓禊，避邪消灾。浪漫豪放的魏晋文人虽不太迷信此说，但也都颇愿登高一游，放目抒怀。劳动人民也每年登高，借野宴饮。尤其是封建帝王为了登高，还专门修建九日登高台。所以，在历史上留下了不少古人登高胜迹。如《古今图书集成》引《豫章记》记载："龙沙在郡北带，江沙甚洁白，高峻而陂，有龙形，俗为九日登高处。"又引《临海记》云："郡北四十里有湖山，形甚平正，可容数百人坐，民俗极重九日，每菊酒之辰，聚会于此山者，常至三四百人。"《南齐书·礼志》记载：宋武帝刘裕在未称帝之前居彭城（今江苏徐州市），每逢九日，去项羽戏马台登高；而齐武帝萧衍永明五年（487 年）重阳节在孙陵岗登高，并在此大宴群臣，因此后世便称孙陵岗为"九日台"。这种帝王组织的重阳登高、大宴群臣的活动，也是词臣墨客献媚争宠的好时机，无不竭尽才思，作歌功颂德之词，以博得皇帝的青睐。当然这样的应制诗作一般好的不多，所以流传下来的也没有几首。据《南史·萧子显传》记载，萧子显曾自序云，天监六年（507 年），齐武帝萧衍九日早朝宴会，当时文武百官，稠人广众。齐武帝独对萧子显说："今日云物甚美，卿何不欣然赋诗?"在这么多文臣中独能令他赋诗，使他感到十分荣幸。诗写成后，齐武帝又降旨称赞萧子显说："可谓才子矣!"使萧子显更为洋洋得意，退下来对人说："一顾之恩，非望而至。遂方贾谊何如哉!"他竟然妄自比起汉代大文学家贾谊来。其实萧子显在中国历史上并无多大文名，偶尔一诗得到皇帝一句赞赏，就不知天高地厚了。

重阳不仅是文人雅士饮酒、赏菊、登高、赋诗的节日，也是古代妇女的休息日。干宝《搜神记》云：淮南全椒县有一位丁氏女，嫁给同县谢家，谢家是大富户，其婆婆却十分凶恶残忍，常虐待儿媳丁氏，强迫她干繁重的家务。她如不能按期完成，就遭痛斥和毒打。这位丁氏不堪忍受，在重阳节悬梁自尽。她死后冤魂不散，依附在巫祝身上说："为人媳妇者，长年累月作息不倦，九月重阳日，请婆家不要让她们再操劳了。"所以，江南人每逢重阳日，都让妇女休息，称之为"休息日"。古代还给这位丁氏少妇立祠祭祀，称"丁姑祠"。从此，每逢重阳节，父母们要把嫁出去的女儿接回娘家吃花糕。到明代，甚至将重阳称为"女儿节"。

到了唐代，重阳节活动逐步丰富起来，这给重阳节又增添了不少美丽的神话故事和迷人的色彩。《唐朝野史》记载，初唐四杰的大才子王勃撰写脍炙人口的

《滕王阁序》，就是发生在重阳节。重阳节的前一天，13岁的少年才子王勃到海南探父，船到马当山时，有一老翁对他说："你不是王勃吗？明日就是重阳节，南昌都督阎公将令客人作《滕王阁序》，我看你风华正茂，才华横溢，何不前往南昌去共襄盛举，成一代之名？"王勃答道："此去南昌有七百里之遥，今天已是八日了，岂能准时赶到？"老翁笑道："我助你一席清风，你不必多虑，尽管放心前去。"王勃心花怒放，立即登船启程，果然一路顺风，于重阳节傍晚抵达南昌，写出了文学名篇《滕王阁序》。而《唐初四杰轶事》则记载是在重阳节前一天，王勃船停靠在马当山之时，有一老翁示他一名句："落霞与孤鹜齐飞，秋水共长天一色。"另据《旧唐书·王勃传》记载，王勃的《滕王阁序》作于重阳节无疑，当时王勃的父亲任交趾（今越南河内）令，王勃前往省亲探父。九月九日路过南昌时，洪州牧（都督）阎伯屿大宴宾僚于重修的滕王阁，欲夸耀其婿吴子章之才，令作序，故意先拿出纸笔遍请诸宾客动笔，宾客皆知其意，无人敢接。而王勃一路风尘，饱览秋日河山美景，早已激情在胸，想一吐为快，加之预先并不知都督之意，于是就应命接过纸笔，毫不谦让。都督一见王勃胆敢接下，心中甚怒，立即命人窥伺王勃，等他写一句报一句。当报头几句时，都督感到并无新意，让再报，谁知王勃才气不凡，又兼激情蓄积，出文渐奇，当报到"落霞与孤鹜齐飞，秋水共长天一色"时，都督也不由得拍案叫绝："此天才也！"宴会极欢而散。王勃从此一举名震诗坛。

重阳节是古代文人雅士聚会宴享、登高游玩之日，它激发了文士们的灵思，留下了许多令人心神激荡的诗篇。在这方面最负盛名而脍炙人口的作品算是王维的《九月九日忆山东兄弟》了：

独在异乡为异客，每逢佳节倍思亲。
遥知兄弟登高处，遍插茱萸少一人。

作者在这首诗中，把异乡游子在重阳佳节怀乡思亲之情，抒发得淋漓尽致，同时也反映了古人渴望节日合家团圆的一片至诚。

王勃得意之日，王维思乡之时，唐王朝宫中则是另一番欢宴情景。重阳节，唐代帝王都要登高宴会，词臣赋诗，竞比才华。《景龙文馆记》云，景龙三年(709年)，唐中宗在慈恩寺登大雁塔，群臣献菊花酒祝寿。而《唐诗纪事》亦云景龙三年九月九日，唐中宗李显幸临渭亭登高，让每人同题四韵五言诗一首，先成者赏，后成者罚。结果韦安石、苏环诗先写成，卢怀慎最后写成被罚酒三杯。韦安石这天以《奉和九日幸临渭亭登高得枝字》为题所作应制诗写道：

重九开秋节，得一动宸仪。
金风飘菊蕊，玉露泣萸枝。
睿览八纮外，天文七曜披。
临深应在即，居高岂忘危。

韦安石这首应制诗虽然作得快，但意境却十分一般，唯有最后一句一语双关，含意深长。不过那天应制诗作平平，所以这一首就算佼佼者了。此后，每逢重阳节，皇室显贵们游幸登高、曲江欢宴赋诗几乎成为定制。从南北朝到唐代重阳日，帝王官僚们除登高赋诗、筵宴欢乐之外，还有了射箭、纵马、围猎等活动。像“隔江犹唱《后庭花》”的陈后主就是除沉于声色之外，还喜爱走马驰射，亡国之时还要再猎一围。他曾作《同管记·陆瑜九日观马射》诗，诗中写道：“连番北幽骑，驰射西园旁。勒移玛瑙色，鞭起珊瑚扬。且观千里汗，仍瞻百步杨。”最可笑的是陈后主重阳骑射本为娱乐，诗中却偏偏不肯承认，说骑射“非为从逸赏，方追塞外羌”，煞有介事的似在练兵，为开疆拓土。塞外羌尚未追成，他偏安一隅的小王国就被隋灭掉了。南朝如此，而北朝如何呢？北周王褒《九日从驾》诗中也有反映：“黄山猎地广，青门官路长”；“射马垂双带，丰貂佩两璜。苑寒梨树紫，山秋菊叶黄。”看来北朝重阳节也十分讲究骑射活动。到唐代重阳骑射围猎活动依然盛行。如《唐会要》就记载贞观十六年（642 年）九月九日，赐文武五品以上官员射于玄武门。《启颜录》还记载唐宋国公萧瑀不会射箭，九月九日赐射时，萧瑀没有一枚箭射中箭垛。大书法家欧阳询当面作诗嘲笑萧瑀：

急风吹缓箭，弱手驭强弓。
欲高反复下，应西还更东。

十回俱着地，两手并擎空。

借问谁为此，乃应是宋公。

宋国公萧瑀对此大概只能是脸红着笑笑罢了，因为他的箭术实在不佳，有扫重阳节日雅兴。唐玄宗更是喜爱射箭。关于唐玄宗重阳射猎还有一段神话传说故事。据《集异记》载，天宝十三年（754 年）重阳日，唐玄宗率群臣游猎于沙苑（今陕西大荔县境），发现一只孤鹤在空中徊翔，被唐玄宗御矢一箭射中。可是这只鹤并未坠地，却带箭飞向西南。原来这只鹤是四川青城山成仙道士徐佐卿变的，他回青城山后把箭留于壁上，对道士们说："我到山中行走，偶为飞矢所中。此箭非人间所有，我将其留于壁上，后年箭主到此地付还，谨慎不要坠失。"并题壁留箭之时："天宝十三年九月九日。"不久"安史之乱"爆发，玄宗逃往四川，一天偶然到青城山道院游乐，发现墙壁上插有一箭，拔下一看，原来是自己用的御箭，心中十分诧异，一问道士，方知缘故，原来自己当年沙苑所射之鹤，是道士徐佐卿变的。

唐代帝王们在重阳节既要登高游宴，又要赏菊赋诗，还想射箭游猎，很显然一天时间是不够用的。于是，重阳节就提前到九月八日开始，或推后至十日仍过重阳。所以唐代重阳节不是一天，而是两天或三天。因此，《辇下岁时记》云："都城重九后一日宴赏，号'小重阳'。"再如唐代大诗人李白《九月十日即事》诗写道：

昨日登高罢，今朝再举觞。

菊花何太苦，遭此两重阳。

李白这首诗道出了当时九月十日“小重阳”的风俗，而且借菊花喻黎民，重阳节登高本为消灾避祸，两遭重阳的菊花可谓同人民一样苦难深重了。

唐代民间重阳风俗基本沿袭前代。我国大医药学家孙思邈在《千金方·月令》中，把重阳登高列为一项重要活动。他说：“重阳日，必以肴酒登高远眺，为时宴之游赏，以畅秋志。酒必采茱萸、甘菊以泛之，即醉而归。”如前所述，汉代佩茱萸，魏晋时出现插茱萸，而唐代兼而有之。唐宋时代诗人词家描写重九插茱萸的诗词不胜枚举。李白“九日茱萸熟，插鬓伤早白”（《宣州九日寄崔侍御》）；王维“遍插茱萸少一人”；孟浩然有诗“茱萸正少佩，折取寄情亲”。除佩插茱萸外，还有看茱萸。如杜甫寓居蓝田崔氏庄，与故人同饮，醉玩茱萸，不能释，作诗云：“明年此会知谁过，醉把茱萸仔细看。”（《九日寓蓝田崔氏庄》）

3 赏菊、菊花会、食糕

重九正仲秋，芳菊盛开，文人雅士对娇艳傲霜的菊花十分喜爱，在唐代诗人咏九日的作品中，写到菊花的比比皆是，可见赏菊之风的盛行。如王维“无穷菊花节，长奉柏梁篇”（《奉和重阳节上寿应制》）；王缙“今日登高樽酒里，不知能有菊花无”（《九日作》)；李欣“风俗尚九日，此情安可忘，菊花辟恶酒，汤饼茱萸香”（《九月九日刘十八东堂集》)；皇甫冉“不见白衣送酒来，但令黄菊花自开”（《重阳酬李观》)。由此可见，唐代简直是无菊无酒不重阳，不插茱萸不过节了。

如果说唐代无菊不重阳，那么，宋代重阳节完全可被称为赏菊节或菊花节了。菊花，不仅以她千姿百态的艳容使人倾慕，而且更以她傲然刚强的气质令人折腰。面对飒飒疾风，她挺立不弯，置身于寒霜冷月而姿容不改，一团团，一簇簇，在寒气袭人的深秋里争奇斗艳，给秋风萧瑟的园林里增添一番艳丽景色。所以，有人认为菊花是中国国花，我国历代文人无不赏菊、咏菊、赞菊。连唐末农民军领袖黄巢也曾写过“待到秋来九月八，我花开时百花杀。冲天香阵透长安，满城尽戴黄金甲”的咏菊诗，以咏菊抒发起义者的革命豪情。据《梦粱录》记载，宋代人每年重阳节都要“以菊花、茱萸，浮于酒饮之”。宋代人还给菊花、茱萸二物起了两个雅致的别号，称菊花为“延寿客”，茱萸为“辟邪翁”。“故假此两物服之，以消阳九之厄”。当时每年常例，皇宫禁中与达官显贵之家皆在此赏菊花；士庶平民之家，也要购买一两株菊花玩赏。当时名菊花达七八十种，其花硕大艳丽，其味馨郁耐久。有白黄色花蕊状如莲房者称“万龄菊”，粉红色者称“桃花菊”，白而檀心者叫“木香菊”，洁白、花朵硕大者称为“喜容菊”，色黄而圆者名曰“金铃菊”，花朵白大而蕊黄者称为“金盏银台菊”，等等，花色名目，不胜枚举，简直可以说是菊花花会。尤其《乾淳岁时记》记载，宋代禁宫中，每年九月八日就开始作重九，在庆瑞殿分列菊花万株，名花珍品，五彩缤纷，灿烂眩目。并且还要点菊灯，其盛况与元宵节略同。这时大张赏花赏灯之宴，丝竹悠扬，鼓乐并作，大庆重阳佳节。《东京梦华录》记载大略相同。菊花佳节，菊花盛会，赏菊必咏菊，此是千古文人惯例。宋代重阳咏菊花诗词也是汗牛充栋。最著名的莫过于女词人李清照的重九《醉花阴》词了：

薄雾浓云愁永昼，瑞脑销金兽。佳节又重阳，玉枕纱橱，半夜凉初透。东篱把酒黄昏后，有暗香盈袖。莫道不销魂，帘卷西风，人比黄花瘦！

这首词把那种刻骨铭心的相思，缠绵悱恻的伤离怨别之情，通过重阳佳节赏菊咏出。像这种道不尽的凄清情景，焉能不令读者再三回味，读后为之黯然神伤？据说，她的丈夫赵明诚读此词后，依韵相和了几十首，都未能超得过“人比黄花瘦”之句，因而此词遂成千古绝唱。当然咏菊佳篇甚多，此处不是文学欣赏，就不一一列举了。我们知道，宋代从宫廷到民间，簪花风俗颇盛行。唐代杜牧就有诗云：“尘世难逢开口笑，菊花须插满头归。”不过那是文人的偶然兴致。而宋代《乾淳岁时记》中就明确记载：“是日（指重阳），饮新酒，泛萸簪菊。”因此，司马光有诗云：“不肯那钱买珠翠，任教堆插阶前菊。”（《九日赠梅圣愈瑟姬歌》）苏东坡也有“髻重不嫌黄菊满，手香新喜绿橙搓”（《次韵苏伯固主簿重九》）的诗句。宋代重阳也不只限于九月九日，九月八日、九月十日皆可度重阳。据《搜采异闻录》记载：苏东坡甚至有“菊花开时即重九”之句。他在海南时，亲手种菊九畹，每到十月望，还与客泛酒作重九。

唐宋时，重阳节讲究吃糕，如同中秋节吃月饼一样，两者都是应时的食品。因“糕”与“高”同音，古人相信“百事皆高”之说，所以重阳节登高之时吃糕，象征步步登高，独具深意。《嘉话录》记载，唐人袁师德是给事中袁高之子，九日出门做客，有人让他吃糕，他却推辞不吃，后来人们才知他为避父讳，因“糕”、“高”同音，故不忍食糕。这简直与唐代大诗人李贺避其父李晋之名讳，而不敢去考进士（“晋”、“进”同音）一样可笑。然而，通过此故事，也可看出当时避讳制度的严格。《野客丛谈》及邵博《闻见后录》又记载了另一则重阳食糕的趣闻。刘梦得作九日诗，想用“糕”字，由于思路受六经的严格束缚，认为六经无糕字之典，遂不敢作。而宋子京却不以为然，认为《周礼》中有“糗饼粉餈”句，郑玄笺注为“今之餈糕”，怎能说六经无糕呢？于是宋子京作《九日食糕》诗云：“飙馆轻霜拂曙袍，糗餈花饮斗分曹。刘郎不敢题糕字，空负诗中一世豪。”到宋代据《梦粱录》云，重阳食糕已十分讲究，有“以糖面蒸糕，上以猪羊肉鸭子为丝簇饤，插小彩旗，名曰‘重阳糕’”。还有“蜜煎局以五色米粉塑成狮蛮，以小彩旗簇之，下以熟栗子肉杵为细末，入麝香糖蜜和之，捏为饼糕小段，或如五色弹儿，皆入韵果糖霜，名之曰‘狮蛮栗糕’”。《乾淳岁时记》还记载了一种特殊的重阳节食品，“以苏子微渍梅卤，杂和蔗霜、梨、橙、玉榴小颗，名曰‘春兰秋菊’”。可见当时食品之精细。到了明清时代登高所食之糕，用麦面做饼，点缀枣栗，称之花糕。

值得注意的是宋代时，风俗文化的横向渗透。汉族的重阳节俗也被北方少数民族所接受。无论契丹皇帝还是金国女真人，也都在重阳节饮菊花酒、茱萸酒，欢度佳节，只不过吃花糕之俗，并未传入。

值得补叙一笔的是清代赏菊规模较宋代更盛。《燕京岁时记》叙述清代北京在重阳节立“九花山子”。“九花者，菊花也。每届重阳，富贵之家以九花数百盆，架庋广厦中，前轩后轾，望之若山，曰‘九花山子’。四面堆积者，曰‘九花塔’”。当时京师菊种名目极为繁多，有陈秧、新秧、粗秧、细秧之别。名菊花就有密连环、银红针、桃花扇、方金印、老君眉、西施晓妆、潇湘妃子、鹅翎管、米金管、紫虎须、灰翅鹤、平沙落雁、杏林春燕、朝阳素、软金素、朱砂盖雪、玉池桃红、秋水芙蓉、二乔争艳、天女散花、桃花人面、慈云万点、柳线垂金、杨妃醉舞等，多达数百种。每至九月九日，“则都人提壶携榼，出郭登高。南则在天宁寺、陶然亭、龙川槐等处；北则蓟门烟树、清净化城等处；远则西山八刹等处”。登高的人们“赋诗饮酒，烤肉分糕，享一时之快事也”！明清人吃花糕也颇有讲究，据明人谢肇淛《五杂俎》云，在重阳日清晨，把花糕切成薄片，放在未成年子女的额上，祝福道："愿儿百事俱高。"这充分体现出古人望子成龙的美好心愿。

南方吴越之地重阳赏菊登高，风俗尤为奢靡。据《清嘉录》记载，杭州旧俗在吴山登高，山上有"牵羊赌彩，为摊钱之戏"；还有"鼓乐酬神，喧阗日夕"；或"借登高之名，遨游虎阜；箫鼓画船，更深乃返"。这些重阳节的侈靡风俗，一一述来，实在太多，徒耗笔墨。不如录清人申时行一首诗《吴山行》，来看当时重阳风俗活动的盛况：

九月九日风色嘉，吴山胜事俗相夸。
阛闾城中十万户，争门出郭纷加麻。
拍手齐歌太平曲，满头争插茱萸花。
横塘迤逦通茶磨，石湖荡漾绕楞伽。
兰桡桂楫千艘集，绮席瑶尊百味赊。
玉勒联翩过羽骑，青帘络绎度香车。
飘缨挟弹谁家子？趾屣鸣筝何处娃？
不惜钩衣穿薜荔，宁辞折屐破烟霞。
万钱决赌争肥羜，百步超骧逐帝騧。
落帽遗簪拼酩酊，呼卢蹋鞠恣喧哗。
只知湖上秋光好，谁道风前日易斜。
隔浦晴沙归雁鹜，沿溪晚市出鱼虾。
荧煌灯火阑归路，杂遝笙歌引去槎。
此日遨游真放浪，此时身世总繁华。

道旁有叟长太息，若狂举国空豪奢。

比岁仓箱多匮乏，县官赋敛转增加。

闾阎调瘵谁能恤，杼柚空虚更可嗟。

何事倾都涸丘壑，何缘罄橐委泥沙。

白衣送酒东篱下，谁问柴桑处士家。

这首《吴山行》不仅以淋漓酣畅的笔墨生动描绘了杭州重阳节繁华奢侈的风俗，同时也揭露了严重的社会危机。在那富家大户、官僚地主“万钱决赌”、“兰桡桂楫”竞歌太平曲的背后是对人民“赋敛增加”，残酷地剥削压迫劳动人民。而身居柴桑家的知识分子，也不会有白衣送酒的使者。

到了近现代，重阳节仍是我国人民十分重视的传统节日。新中国成立后，我国广大城乡居民每年仍欢度重阳，与古代不同，他们既不去登高消灾，也不像清代杭州那样奢侈豪华。有的趁秋高气爽的重阳去远足旅行，饱览山河风光；有的参观菊展，欢度佳节。当然，菊花美酒要痛饮几杯，重阳糕也要饱餐一顿，但并不一定佩带茱萸，因为现代医学的发达，已无需用茱萸去消灾免祸了。

《中国史话》总目录

系列名	序号	书名	作者
物质文明系列（10种）	1	农业科技史话	李根蟠
	2	水利史话	郭松义
	3	蚕桑丝绸史话	刘克祥
	4	棉麻纺织史话	刘克祥
	5	火器史话	王育成
	6	造纸史话	张大伟　曹江红
	7	印刷史话	罗仲辉
	8	矿冶史话	唐际根
	9	医学史话	朱建平　黄　健
	10	计量史话	关增建
物化历史系列（28种）	11	长江史话	卫家雄　华林甫
	12	黄河史话	辛德勇
	13	运河史话	付崇兰
	14	长城史话	叶小燕
	15	城市史话	付崇兰
	16	七大古都史话	李遇春　陈良伟
	17	民居建筑史话	白云翔
	18	宫殿建筑史话	杨鸿勋
	19	故宫史话	姜舜源
	20	园林史话	杨鸿勋
	21	圆明园史话	吴伯娅
	22	石窟寺史话	常　青
	23	古塔史话	刘祚臣
	24	寺观史话	陈可畏
	25	陵寝史话	刘庆柱　李毓芳
	26	敦煌史话	杨宝玉
	27	孔庙史话	曲英杰
	28	甲骨文史话	张利军
	29	金文史话	杜　勇　周宝宏

系列名	序 号	书 名	作 者
物化历史系列（28种）	30	石器史话	李宗山
	31	石刻史话	赵 超
	32	古玉史话	卢兆荫
	33	青铜器史话	曹淑芹 殷玮璋
	34	简牍史话	王子今 赵宠亮
	35	陶瓷史话	谢端琚 马文宽
	36	玻璃器史话	安家瑶
	37	家具史话	李宗山
	38	文房四宝史话	李雪梅 安久亮
制度、名物与史事沿革系列（20种）	39	中国早期国家史话	王 和
	40	中华民族史话	陈琳国 陈 群
	41	官制史话	谢保成
	42	宰相史话	刘晖春
	43	监察史话	王 正
	44	科举史话	李尚英
	45	状元史话	宋元强
	46	学校史话	樊克政
	47	书院史话	樊克政
	48	赋役制度史话	徐东升
	49	军制史话	刘昭祥 王晓卫
	50	兵器史话	杨 毅 杨 泓
	51	名战史话	黄朴民
	52	屯田史话	张印栋
	53	商业史话	吴 慧
	54	货币史话	刘精诚 李祖德
	55	宫廷政治史话	任士英
	56	变法史话	王子今
	57	和亲史话	宋 超
	58	海疆开发史话	安 京

系列名	序号	书名	作者
交通与交流系列（13种）	59	丝绸之路史话	孟凡人
	60	海上丝路史话	杜　瑜
	61	漕运史话	江太新　苏金玉
	62	驿道史话	王子今
	63	旅行史话	黄石林
	64	航海史话	王　杰　李宝民　王　莉
	65	交通工具史话	郑若葵
	66	中西交流史话	张国刚
	67	满汉文化交流史话	定宜庄
	68	汉藏文化交流史话	刘　忠
	69	蒙藏文化交流史话	丁守璞　杨恩洪
	70	中日文化交流史话	冯佐哲
	71	中国阿拉伯文化交流史话	宋　岘
思想学术系列（21种）	72	文明起源史话	杜金鹏　焦天龙
	73	汉字史话	郭小武
	74	天文学史话	冯　时
	75	地理学史话	杜　瑜
	76	儒家史话	孙开泰
	77	法家史话	孙开泰
	78	兵家史话	王晓卫
	79	玄学史话	张齐明
	80	道教史话	王　卡
	81	佛教史话	魏道儒
	82	中国基督教史话	王美秀
	83	民间信仰史话	侯　杰
	84	训诂学史话	周信炎
	85	帛书史话	陈松长
	86	四书五经史话	黄鸿春

系列名	序号	书名	作者
思想学术系列（21种）	87	史学史话	谢保成
	88	哲学史话	谷　方
	89	方志史话	卫家雄
	90	考古学史话	朱乃诚
	91	物理学史话	王　冰
	92	地图史话	朱玲玲
文学艺术系列（8种）	93	书法史话	朱守道
	94	绘画史话	李福顺
	95	诗歌史话	陶文鹏
	96	散文史话	郑永晓
	97	音韵史话	张惠英
	98	戏曲史话	王卫民
	99	小说史话	周中明　吴家荣
	100	杂技史话	崔乐泉
社会风俗系列（13种）	101	宗族史话	冯尔康　阎爱民
	102	家庭史话	张国刚
	103	婚姻史话	张　涛　项永琴
	104	礼俗史话	王贵民
	105	节俗史话	韩养民　郭兴文
	106	饮食史话	王仁湘
	107	饮茶史话	王仁湘　杨焕新
	108	饮酒史话	袁立泽
	109	服饰史话	赵连赏
	110	体育史话	崔乐泉
	111	养生史话	罗时铭
	112	收藏史话	李雪梅
	113	丧葬史话	张捷夫

系列名	序号	书名	作者
近代政治史系列（28种）	114	鸦片战争史话	朱谐汉
	115	太平天国史话	张远鹏
	116	洋务运动史话	丁贤俊
	117	甲午战争史话	寇　伟
	118	戊戌维新运动史话	刘悦斌
	119	义和团史话	卞修跃
	120	辛亥革命史话	张海鹏　邓红洲
	121	五四运动史话	常丕军
	122	北洋政府史话	潘　荣　魏又行
	123	国民政府史话	郑则民
	124	十年内战史话	贾　维
	125	中华苏维埃史话	杨丽琼　刘　强
	126	西安事变史话	李义彬
	127	抗日战争史话	荣维木
	128	陕甘宁边区政府史话	刘东社　刘全娥
	129	解放战争史话	朱宗震　汪朝光
	130	革命根据地史话	马洪武　王明生
	131	中国人民解放军史话	荣维木
	132	宪政史话	徐辉琪　付建成
	133	工人运动史话	唐玉良　高爱娣
	134	农民运动史话	方之光　龚　云
	135	青年运动史话	郭贵儒
	136	妇女运动史话	刘　红　刘光永
	137	土地改革史话	董志凯　陈廷煊
	138	买办史话	潘君祥　顾柏荣
	139	四大家族史话	江绍贞
	140	汪伪政权史话	闻少华
	141	伪满洲国史话	齐福霖

系列名	序号	书名	作者
近代经济生活系列（17种）	142	人口史话	姜　涛
	143	禁烟史话	王宏斌
	144	海关史话	陈霞飞　蔡渭洲
	145	铁路史话	龚　云
	146	矿业史话	纪　辛
	147	航运史话	张后铨
	148	邮政史话	修晓波
	149	金融史话	陈争平
	150	通货膨胀史话	郑起东
	151	外债史话	陈争平
	152	商会史话	虞和平
	153	农业改进史话	章　楷
	154	民族工业发展史话	徐建生
	155	灾荒史话	刘仰东　夏明方
	156	流民史话	池子华
	157	秘密社会史话	刘才赋
	158	旗人史话	刘小萌
近代中外关系系列（13种）	159	西洋器物传入中国史话	隋元芬
	160	中外不平等条约史话	李育民
	161	开埠史话	杜　语
	162	教案史话	夏春涛
	163	中英关系史话	孙　庆
	164	中法关系史话	葛夫平
	165	中德关系史话	杜继东
	166	中日关系史话	王建朗
	167	中美关系史话	陶文钊
	168	中俄关系史话	薛衔天
	169	中苏关系史话	黄纪莲
	170	华侨史话	陈　民　任贵祥
	171	华工史话	董丛林

系列名	序号	书名	作者
近代精神文化系列（18种）	172	政治思想史话	朱志敏
	173	伦理道德史话	马　勇
	174	启蒙思潮史话	彭平一
	175	三民主义史话	贺　渊
	176	社会主义思潮史话	张　武　张艳国　喻承久
	177	无政府主义思潮史话	汤庭芬
	178	教育史话	朱从兵
	179	大学史话	金以林
	180	留学史话	刘志强　张学继
	181	法制史话	李　力
	182	报刊史话	李仲明
	183	出版史话	刘俐娜
	184	科学技术史话	姜　超
	185	翻译史话	王晓丹
	186	美术史话	龚产兴
	187	音乐史话	梁茂春
	188	电影史话	孙立峰
	189	话剧史话	梁淑安
近代区域文化系列（11种）	190	北京史话	果鸿孝
	191	上海史话	马学强　宋钻友
	192	天津史话	罗澍伟
	193	广州史话	张　苹　张　磊
	194	武汉史话	皮明庥　郑自来
	195	重庆史话	隗瀛涛　沈松平
	196	新疆史话	王建民
	197	西藏史话	徐志民
	198	香港史话	刘蜀永
	199	澳门史话	邓开颂　陆晓敏　杨仁飞
	200	台湾史话	程朝云

《中国史话》主要编辑出版发行人

总 策 划	谢寿光	王　正	
执行策划	杨　群	徐思彦	宋月华
	梁艳玲	刘晖春	张国春
统　　筹	黄　丹	宋淑洁	
设计总监	孙元明		
市场推广	蔡继辉	刘德顺	李丽丽
责任印制	岳　阳		